AF468248

ORGANISATION COLONIALE

ET

FÉDÉRATION

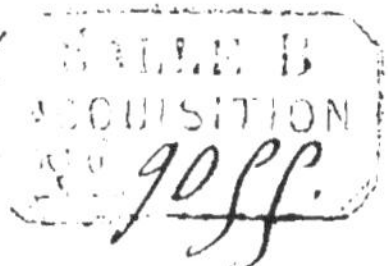

UNE FÉDÉRATION DE LA FRANCE ET DE SES COLONIES

PAR

ÉMILE DÉMARET

DOCTEUR EN DROIT
ANCIEN PROFESSEUR DE L'ALLIANCE FRANÇAISE A SMYRNE
ANCIEN RÉDACTEUR A LA PRÉFECTURE DE LA SEINE
CONSEILLER DE PRÉFECTURE DE L'AUBE

AVEC PRÉFACE

de **M. EUGÈNE ÉTIENNE**

DÉPUTÉ D'ORAN
ANCIEN SOUS-SECRÉTAIRE D'ÉTAT DES COLONIES

PARIS
V. GIARD & E. BRIÈRE
LIBRAIRES-ÉDITEURS
16, rue Soufflot, 16

1899

DU MÊME AUTEUR :

Écoles Coloniales, 1895. Une Brochure in-18. Prix : 1 fr.

A MONSIEUR CL. PERROUD

Recteur de l'Académie de Toulouse

Ce livre est dédié

comme témoignage de reconnaissance.

ÉMILE DÉMARET.

PRÉFACE

Dans cet ouvrage, une idée domine toutes les autres : la France doit être forte vis-à-vis des nations jeunes qui ont toutes les audaces, comme à l'égard des vieux États qui ne mesurent plus leurs ambitions ; et pour être forte, il faut qu'elle soit une grande puissance coloniale, comme l'Angleterre, comme la Russie, comme les États-Unis de l'Amérique du Nord. Tel a d'ailleurs été le but de ceux qui, depuis vingt ans, ont constitué notre domaine colonial.

La France possède aujourd'hui un empire immense. L'organisation de cet immense empire est-elle assez parfaite pour répondre à toutes les exigences ?... Non, sans doute; mais tout système politique, avant d'être appliqué, demande une attention toute spéciale.

M. Émile Démaret examine les principaux systèmes de colonisation, en prenant pour exemples trois grands pays colonisateurs.

Il s'appuie tout d'abord sur l'histoire coloniale de l'Espagne pour combattre tous les systèmes d'assujettissement, et, en particulier, celui que l'on appelle système d'assimilation des colonies à la métropole.

La prospérité des colonies anglaises le ferait pencher en faveur de l'autonomie coloniale, s'il ne pensait qu'au-dessus des intérêts locaux, il existe des intérêts généraux pour lesquels la centralisation est nécessaire, parce qu'il y faut unité de vues comme unité d'action. C'est pourquoi il préconise une Fédération, à l'exemple des États-Unis de l'Amérique du Nord, ou plutôt semblable à celle que poursuivent, en Angleterre, les Impérialistes et M. Chamberlain.

Au pouvoir fédéral, dit M. Démaret, il ne faut laisser qu'un seul souci : la défense, au point de vue militaire comme au point de vue commercial.

Aux gouvernements locaux il convient d'abandonner toutes les matières qui ne rentrent pas dans la compétence fédérale, en observant deux choses :

1° Qu'il faut favoriser la création de fédérations régionales : Fédération indo-chinoise, Fédération malgache, Fédération de l'Afrique centrale, Fédération de l'Ouest africain, Fédération de la Guyane-Antilles, Fédération de l'Afrique du Nord, qui seraient, avec la France, les puissantes assises de la Fédération française;

2° Qu'il importe de doter chaque colonie d'une sorte de gouvernement représentatif, où les intérêts primordiaux en présence doivent être représentés, comme ils le sont aujourd'hui, en Algérie, dans les délégations financières algériennes.

Ces intérêts sont de trois sortes : il y a d'abord l'intérêt des colons ; il y a aussi l'intérêt des indigènes ; il y a, enfin, l'intérêt de la métropole.

Pour les deux premiers en présence, et dans chaque colonie, la France reconnaîtrait l'existence de deux Chambres ou Conseils : une Chambre ou Conseil de colons, et une Chambre ou Conseil d'indigènes. La première serait l'expression de la civilisation moderne ; la seconde serait l'expression de la civilisation locale.

Dans l'intérêt de la métropole, et malgré le contrôle des deux Chambres ou Conseils locaux, les gouverneurs, nommés par la France, pourraient être des chefs absolus, en étant les dépositaires des pouvoirs de la République française dans chacune de ses colonies.

De telles idées méritent d'être examinées avec une sérieuse attention. Elles provoqueront assurément de très vives controverses ; mais il est bon qu'elles aient été formulées avec netteté et précision.

Le livre de M. Démaret se recommande de lui-même par l'originalité des idées qu'il expose. Il est écrit avec sincérité, sobriété et talent.

EUG. ÉTIENNE.

BIBLIOGRAPHIE

—

Albega (d'). — Les Indigènes de l'Afrique occidentale (*Revue scientifique*, année 1889, tome II, p. 365).

Barbé (Emile). — Les Blancs et les Jaunes (*Rev. scient.*, 1893, tome II, p. 513).

— L'Inde contemporaine (*Rev. scient.*, 1893, tome II, p. 139).

Barnave, — Rapport sur les troubles survenus aux colonies en 1790 (*Archives parlementaires*, tome XXI, 1re série, p. 125).

Bellet (Daniel). — Le mouvement indigène et les Congrès nationaux dans l'Inde (*Rev. scient.*, 1891, tome II, p. 177).

Béquet (Léon). — Répertoire du droit administratif, V° Colonies.

Besnard (Amiral), **Billot** (Général), **Lebon** (A.). — Projet de loi sur la création d'une armée coloniale (*Documents parlementaires*, Ch. des députés, 1896, n° 2,063).

Binger. — Esclavage, islamisme et christianisme.

Blin. — Discours sur la nature fédérative des colonies (*Arch. parlement.*, tome X, 1re série, p. 349).

Bonvalot (G.). — L'administration coloniale anglaise (*Revue bleue*, 11 juin 1898, p. 760).

Boutmy. — Etudes de droit constitutionnel (1888).

Brenier (Henri). — L'Illusion Jaune (1898).

— Rapport général de la mission lyonnaise (*Revue diplomatique et coloniale*, tome II, année 1897, p. 513 et suiv.; p. 585 et suiv.).

Brincart et **Bourlon de Rouvre**. — Proposition de loi portant création d'une armée coloniale (*Doc. parlement.*, Ch. des députés, 1896, n° 2,022).

Carol (Jean). — Au pays rouge (Madagascar), 1897.

Cat (Edouard). — L'Islam et les confréries du Maroc (*Revue des Deux-Mondes*, 15 septembre 1898, p. 375).

Cauwès. — Traité d'économie politique (livre IV).

Cavaignac. — Deux projets sur une armée coloniale (*Doc. parlement.*, Ch. des députés, 1896, p. 163 et p. 392).

Chailley-Bert. — V° Colonies, dans le *Nouveau dictionnaire d'économie politique.*

— Les compagnies de colonisation sous l'ancien régime (1898).

Chamberlain. — Foreign and Colonial Speeches (1897).

Coubertin (P. de). — La philosophie de l'histoire des Etats-Unis (*Revue bleue* du 4 juin 1898, p. 708).

Dalloz. — Supplément au répertoire. V° Organisation des colonies.

Dareste (F. R. et P.). — Les constitutions modernes (2 vol., 2e édition, 1891).

Depont (Octave) et **Coppolani** (Xavier). — Les confréries religieuses musulmanes.

Deschamps (Léon). — Histoire de la question coloniale en France (1891).

Despagnet (F.). — Essai sur les protectorats.

Dilke (sir Charles). — L'Empire britannique (*Revue de Paris*, 1er janvier 1898, p. 64).

— Greater Britain.

— Problems of Greater Britain.

Dislère. — Traité de législation coloniale (1888, 4 vol.).

Dubois (M.). — Systèmes coloniaux et peuples colonisateurs (1895).

Duval (J.). — Les colonies et la politique coloniale de la France (1864).

Dybowsky (Jean). — L'influence française dans l'Afrique centrale (*Rev. scient.*, 1893, tome I, p, 131).

Engelhardt (Ed.). — Les protectorats anciens et modernes.

Esmein. — Eléments de droit constitutionnel (1896).

Estournelles de Constant (P. d'). — Péril prochain (*Revue des Deux-Mondes*, 1er avril 1896).

— Concurrence et chômage (*Revue des Deux-Mondes*, 15 juillet 1897, p. 422).

Fawcett (Mademoiselle). — Le mouvement féministe en Angleterre (*Revue politique et parlementaire*, 10 août 1896, p. 298).

Fleury-Ravarin. — L'Armée coloniale (*Revue polit. et parlement.*, 10 octobre 1897, p. 68; 10 février 1898, p. 279).

— Ce qu'il faut faire en Indo-Chine (*Revue diplomatique et coloniale*, 15 mars 1897, p. 86).

Fuzier-Herman. — Répertoire. V° Colonies.

Gaffarel (Paul). — Les colonies françaises (1893).

Gautier (Emile). — Madagascar et son avenir (*Rev. scient.*, 1895, tome I, p. 431).

Gide (Ch). — A quoi servent les colonies? (*Revue de Géographie*, 1886, tome XVIII, p. 26 à 52 et 141 à 147).

Girault. — Principes de colonisation et de législation coloniale (1895).

Grégoire (Abbé). — Discours à l'Assemblée nationale sur les droits politiques des hommes libres de couleur (*Arch. parlement.*, tome XXV, p. 738).

Grenier (Docteur). — Proposition de loi sur la Défense nationale (*Doc. parlement.*, Ch. des députés, 1897, n° 2,324),

Hanson Robinson (Mss H.). — Le mouvement féministe

aux Etats-Unis (*Rev. polit. et parlement.*, 10 août 1898, p. 245).

Henrique (Louis). — Les colonies françaises, notices éditées par ordre du sous-secrétaire d'Etat des colonies (1889).

Humbert. — Madagascar : l'île et ses habitants (1885).

Isaac. — Questions coloniales : constitutions et sénatus-consultes (1887).

Laferrière. — Traité de la juridiction administrative (t. II. p. 472-73-74) : de la compétence exercée par suppléance ou par délégation.

La Grasserie (Raoul de). — L'Etat fédératif.

Lanessan (de). — L'expansion coloniale de la France.

— L'Indo-Chine française.

— Principes de colonisation.

Lebon (A.). — Etudes sur l'Allemagne politique.

Le Bon (Gustave). — L'Inde moderne : comment on fonde une colonie, comment on la conserve et comment on la perd (*Rev. scient.*, 1886, tome II, p. 649).

— Rôle du caractère dans la vie des peuples (*Rev. scient.*, 1893, tome II, p. 33).

Le Châtelier (A.). — Les musulmans au dix-neuvième siècle (*Rev. scient.*, 1887, tome II, et 1888, tome I).

Le Fur (Louis). — Etat fédératif et confédération d'Etats.

Le Myre de Vilers. — Chez les Hovas, au pays rouge, par Jean Carol (*Nouvelle Revue*, 15 juillet 1898, p. 234).

Leroy-Beaulieu (Paul). — Colonisation chez les peuples modernes (1891).

— L'Algérie et la Tunisie (1887).

— Colonisation au dix-neuvième siècle (dans le *Nouv. dict. d'Econ. polit.*).

Leroy-Beaulieu (Pierre). — Les nouvelles Sociétés anglo-saxonnes (1897).

Lorne (Marquis of). — Imperial Federation (1885).

Mager (Henri). — Cahiers coloniaux de 1889.

— Atlas colonial (1890).

Maistre (P.). — La question de Fédération en Australie (*Rev. polit. et parlement.*, 10 avril 1897, p. 89).

Maury (Abbé). — Discours à l'Assemblée nationale contre la reconnaissance des droits politiques aux hommes libres de couleur (*Arch. parlement.*, tome XXVI, 1re série, p. 56).

Mille (Pierre). — Les Hovas et l'insurrection de Madagascar (*Revue bleue*, 1897, 1er semestre, p. 172).

Montebello (de). — Proposition de loi sur l'armée coloniale (*Doc. parlement.*, Ch. des députés, 1896, n° 1,570).

Montfort (de) et **Laferronnays**. — Proposition de loi sur l'armée coloniale (*Doc. parlement.*, Ch. des députés, 1896, n° 1,569).

Moreau de Saint-Méry. — Discours à l'Assemblée nationale sur le système de l'assujettissement et les abus de l'ancien régime aux colonies (*Arch. parlement.*, 1re série, t. X, p. 347).

Noailles (duc de). — Le centenaire d'une Constitution (*Rev. des Deux-Mondes*, 1889, tome I, p. 852).

Novicow. — Les luttes entre les sociétés humaines et leurs phases successives (1893).

Parkin (George). — Imperial Federation : the problem of national unity (1892).

Pauliat (Louis). — La politique coloniale de l'ancien régime (1887).

Petit (Edouard). — Organisation des colonies françaises et pays de protectorat (1894).

Prévost-Paradol. — La France nouvelle.

Proudhon. — Du principe fédératif (1863).

Rambaud (Alfred). — La France coloniale (1893).

Reille (baron). — Rapport fait au nom de la commission de l'armée sur les projets d'armée coloniale (*Doc. parlement.*, Ch. des députés, 1896, n° 2,160).

Renan. — Qu'est-ce qu'une nation ?

Robespierre. — Discours sur les droits politiques des hommes libres de couleur (*Arch. parlement.*, 1re série, tome XXVI, p. 60).

Rolin Jaequemyns. — Le mouvement vers la constitution impériale de l'Empire britannique (*Revue de droit international et de législation comparée*, 1892, p. 113).

Rouard de Card. — Les traités de protectorat conclus par la France en Afrique (1897).

— Les indigènes musulmans de l'Algérie dans les assemblées locales.

Rougier. — Précis de législation et d'économie coloniales (1894).

Saint-Girons. — Droit constitutionnel.

Silvestre (J.). — L'empire d'Annam et le peuple annamite.

Souillard. — Du régime militaire des Etats-Unis de l'Amérique du Nord (thèse, Toulouse, 1897).

Thiers. — Histoire du Consulat et de l'Empire (livre X) ; Evacuation de l'Egypte et Travaux administratifs de Menou.

Tocqueville (de). — De la démocratie en Amérique.

Trivier. — Voyage au continent noir.

Vignon (Louis). — L'expansion de la France (1891).

— La France dans l'Afrique du Nord.

Wolstenhome (M.-S.). — Le mouvement féministe en Australie (*Rev. polit. et parlement.*, 10 mars 1898, p. 520).

Yves Guyot. — Lettres sur la politique coloniale (1885).

INTRODUCTION

NÉCESSITÉ DES COLONIES

« Ou la France comptera dans le monde comme la Suisse et la Belgique comptent en Europe, ou bien elle sera une grande puissance coloniale ». Les esprits clairvoyants de notre pays l'ont dit et le répètent (1).

Observons, en effet, ce qui se passe autour de nous et ne soyons pas comme hypnotisés par la grandeur des événements qui rehaussent notre histoire. Du premier rang que la France occupait autrefois, elle est descendue progressivement au deuxième, au troisième, au quatrième. Son activité passée semble s'être figée ; sa population ne progresse pas ; un cercle de fer lui boucle ses frontières. L'Allemagne unifiée s'est élancée à la conquête commerciale du monde. La Russie multiplie ses millions d'hommes à travers ses plaines d'Europe et d'Asie. Les États-Unis de l'Amérique du Nord ont toutes les audaces d'une jeune puissance

(1) Voir : Prévost-Paradol, *La France nouvelle,* p. 418; Girault, *Législation coloniale*, p. 44.

riche et peuplée. Les Iles-Britanniques ont toutes les ambitions d'un vieil État toujours prospère.

Mais la France restera une grande puissance, car elle sera, elle est une grande puissance coloniale.

En Amérique, elle ne possède, il est vrai, que des débris de son ancien empire.

En Océanie, elle n'a su acquérir que quelques îles et des îlots, sans idée arrêtée et sans plan préconçu, de sorte que là-bas tout avenir économique et commercial est à la merci de l'Australie et de l'Angleterre.

Mais en Asie, l'Union indo-chinoise s'affirme de plus en plus ; près de 30 millions d'habitants sont soumis à la France ; la Chine méridionale s'ouvre peu à peu à notre commerce, et le Siam a pu constater que ses boulets ne peuvent arrêter ni l'audace de nos marins, ni le courage de nos soldats.

En Afrique, cinq régions arrêtent mes regards. Au Nord, l'Atlas : d'un côté, il s'avance dans la Méditerranée ; de l'autre, il descend au Maroc ; ses flancs arrêtent les déserts de sable ; il semble même prêt à vouloir les conquérir, sinon par ses ruisseaux, du moins par sa population. — A l'Ouest, le Fouta-Djallon domine toute l'Afrique occidentale. Fleuves et rivières en descendent et rayonnent de tous côtés. Le Niger s'en échappe, court, indique une route à faire vers le Nord, une route à suivre vers l'Orient, puis roule vers le Sud. — Au Centre, les affluents de la rive droite du Congo nous conduisent vers le lac Tchad ; ils nous dirigent vers le Nil ; ils sont comme les traits d'union des possessions françaises en Afrique. — A l'Est, Obock semble dire que la baie de Djibouti est une bonne rade, qu'un chemin de fer pourrait bien arriver jusqu'au Nil, et qu'en somme, le voisinage de l'Abyssinie est préférable à d'autres. — « Là-bas, dans l'Océan Indien, une grande île se dresse : Madagascar. Elle brave les Indes et l'Australie, et, par les Bouches du Zambèze, semble regarder jusqu'au cœur de l'Afrique (1)... » Et maintenant, sur tout cela, j'aperçois le rêve de Crampel et de tous ceux qui l'ont suivi. Je vois tout un réseau de routes se détachant du Nord, de l'Ouest, de l'Est, du Sud, et convergeant vers le lac Tchad, ou plutôt vers le Dâr-Four, vers le cœur de l'Afrique, entre le Nil et le Niger, pas bien loin du Congo. La France sera grande en Afrique. Trop de peuples y ont souffert de l'expansion brutale d'un génie commercial qui prétendrait dicter ses ordres au Transvaal comme à Lisbonne et dont le but serait de régner en maître depuis les bouches du Nil jusqu'au Cap de Bonne-Espérance. Les prodiges accomplis par nos explorateurs durant ces dernières années nous font sortir de notre coupable indifférence vis-à-vis des contrées lointaines. Nous voulons bien nous souvenir que Dupleix et Champlain furent de grands colonisateurs et des Français. Nous rendons hommage au génie de Faidherbe. L'esprit le plus simple commence à pressentir que de l'expansion coloniale dépend la grandeur de la France. De nombreuses sociétés se fondent favorisant l'émigra-

(1) Emile Démaret, *Ecoles coloniales*, p. 28.

tion (1). D'autres tendent à régénérer la France de demain (2).

Les colonies sont nécessaires.

Au point de vue économique, il ne faut pas oublier que les États tendent à se suffire ; mais il faut songer aussi que les pays neufs tendent à tuer les vieux. D'un côté, guerres de tarifs entre les États ; de l'autre, concurrence acharnée des nouveaux mondes et de l'ancien. Si l'Angleterre songe à fermer son immense empire aux produits étrangers (3), il n'en est pas moins vrai que l'Australie combat chaque jour davantage la production de l'Angleterre. Un sol plus riche, des forces naturelles plus puissantes et mieux divisées pour transformer à meilleur marché les matières premières, des moyens de transport de plus en plus rapides et de moins en moins coûteux, tels sont les facteurs qui amènent en Europe crises sur crises. Un déplacement de population

(1) L'Union coloniale est la plus importante. Avec deux œuvres auxquelles elle a donné naissance, le Comité de Madagascar et la Société pour l'émigration des femmes, elle active chaque jour davantage l'émigration rationnelle des personnes et des capitaux pour la mise en valeur immédiate des colonies.

(2) Le Comité Dupleix, le Comité de l'Afrique française, la Société africaine de France, les nombreuses Sociétés de géographie, la Société de géographie commerciale de Paris, l'Alliance française qui poursuit la propagation du français aux colonies et à l'étranger. Il y a encore des Sociétés lyonnaises qui ne sont pas les moins actives.

(3) Dénonciation des traités de commerce avec l'Allemagne et la Belgique en 1897.

se fera insensiblement, amenant peu à peu la solitude là où régnait autrefois l'activité. Qu'importe à l'Angleterre? Elle aura semé dans le monde ses idées : elle aura laissé des héritiers de son génie. Ses colonies les plus glorieuses, ce seront encore les États-Unis et l'Australie. Mais la France, que deviendra-t-elle si l'on veut la réduire aux 529,000 kilomètres carrés qu'elle occupe en Europe?...

Au point de vue politique, il suffit de songer aux puissants États qui se sont formés depuis un siècle. La France était forte autrefois : ses voisins étaient faibles. Aujourd'hui, « la Russie a tout intérêt à ce que la France ne tombe pas au second ordre (1) ». Voilà cette faiblesse qu'il ne faut plus désormais nous laisser attribuer : quand un empire comme le nôtre compte à peu près 100 millions d'habitants, il peut et doit être fort.

Au point de vue social enfin, il importe que nous ne laissions pas s'éteindre en nous les sentiments qui font les grands peuples et les grandes nations : la race française n'est pas une race extirpatrice (2) ; de tous temps, les faibles se sont tournés vers nous. Ce sont nos idées de droit et de justice qui ont déterminé ce grand mouvement démocratique qui va partout, sapant les institutions vieillies. « Dans ce lieu et dans ce jour », écrivait Gœthe, le 20 septembre 1792, sur le champ de bataille de Valmy ; « dans ce lieu et dans ce jour, commence

(1) Voir *L'Eclair* du 8 avril 1897 ; opinion de M. Skalkowsvy.
(2) *Extirpating race*, qualificatif donné à la race anglaise par sir Charles Dilke.

une nouvelle ère dans l'histoire du monde ». — S'il est bien vrai que le fort doit conduire le faible, que le savant doit éclairer celui qui ne voit pas, qu'un peuple mûr doit diriger un peuple jeune, il importe que nous aidions dans leurs entreprises nos missionnaires, nos colons et nos soldats ; il est nécessaire de créer des colonies nouvelles au moyen de tous ceux que leur besoin d'action pousse à s'expatrier ; il est indispensable que certains coins du globe soient occupés par des Français ayant nos idées, nos institutions et nos mœurs, parlant notre langue ; il faut que tous ne fassent qu'un pour conquérir ce qu'ils peuvent du globe à l'influence de nos principes, et, s'inspirant de nos grands écrivains, il faut qu'ils aient partout cet amour de l'égalité et de la justice qui fit si grands les hommes de la Révolution.

Les colonies sont nécessaires. Tous les peuples le sentent. Le mouvement qui les emporte vers une expansion de plus en plus considérable, n'est pas un mouvement factice dû uniquement à l'influence de certains hommes d'Etat. Dans le domaine politique, l'évolution est semblable à celle qui se fait dans le domaine économique où les petites entreprises sont fatalement absorbées par les grandes : les petits Etats se perdront dans les grands. Aussi la lutte des peuples est-elle plus ardente que jamais. Il n'est pas un coin du globe qui ne soit aujourd'hui âprement disputé. L'Afrique a vu se ruer sur elle toutes les nations. On n'a plus de mépris pour les stériles plaines sablonneuses ou les pays marécageux. Ce que Voltaire appelait dédaigneusement quelques arpents de neige est aujourd'hui le Canada. « Nos descendants seront heureux des quelques lieues carrées de sable qui par nous leur seront acquises », peuvent dire hardiment tous les hommes d'Etat.

Mais, si les colonies sont nécessaires, il convient de savoir les bien organiser. Il ne faut pas qu'elles soient pour la métropole comme autant de boulets au pied d'un forçat. La France est malheureusement aujourd'hui dans cette situation précaire. Que des complications amènent une guerre entre puissances d'Europe ou d'Amérique, si la France y est entraînée, nos possessions d'outre-mer sont gravement compromises. Les Arabes sont mal soumis. Les Annamites se révoltent sans cesse. Les Hovas ne nous ont pas encore franchement acceptés. Les peuplades turbulentes du Niger et du Congo ne nous connaissent pas encore assez pour nous craindre ou nous aimer. Nous en sommes toujours à la recherche du régime qui pourra réunir un certain nombre des aspirations si diverses de tant de peuples, afin que les différentes parties de notre empire, fortement attachées les unes aux autres, ne fassent qu'un en présence d'un danger. Cependant, l'expérience étrangère est concluante en ce qui concerne l'organisation des colonies. En s'appuyant sur l'exemple de trois peuples colonisateurs, on peut arriver à se convaincre que, des systèmes coloniaux, le système fédératif est le seul qui puisse concourir à la grandeur d'un Etat et à la prospérité de tous les peuples unis sous une même constitution.

Dans la première partie de ce travail, nous nous appliquerons à le démontrer. Nous verrons qu'après la période de tâtonnements suivie depuis 1789, dans notre politique coloniale, le système fédératif s'impose et qu'une fédération est possible entre la France et ses colonies, malgré les peuples de différentes races qui sont soumis actuellement à notre autorité.

Dans la deuxième partie, nous rechercherons ce que doit être cette fédération. Nous verrons qu'il faut en faire le gouvernement commun à tout un ensemble de fédérations régionales où seront groupées toutes nos colonies.

De cette étude, nous arriverons à cette conclusion que la France peut, et doit dès maintenant, songer à fédérer les différentes parties de son Empire.

PREMIÈRE PARTIE

I

NÉCESSITÉ ET POSSIBILITÉ D'UNE FÉDÉRATION

CHAPITRE Ier

LES SYSTÈMES COLONIAUX ET LE PRINCIPE FÉDÉRATIF

Pour administrer les colonies, trois systèmes principaux peuvent être appliqués :

C'est d'abord le système de l'assujettissement, dont une variante est appelée aujourd'hui système de l'assimilation des colonies à la métropole ;

C'est ensuite le système de l'autonomie coloniale ;

C'est, enfin, le système de la fédération des diverses parties d'un même empire, que ces parties soient situées sur un même continent, ou au-delà de mers et de montagnes.

« Les colonies faites par la métropole et pour la métropole », tel est l'esprit du système de l'assujettissement. Les colonies ne sont que des champs d'exploitation que la métropole met en valeur, soit directement par des compagnies plus ou moins souveraines, soit indirectement par une règlementation minutieuse de tout ce qui se rapporte à la colonie, et qui énerve toute initiative de la part des colons. De plus, un pacte colonial plus ou moins adouci empêche tout commerce de la colonie avec l'étranger ; ses ressources sont pour la métropole et seulement pour elle... Un régime aussi tyrannique ne peut donner que de mauvais résultats.

Les compagnies souveraines ont signalé leur domination par les actes les plus despotiques. Tour à tour, elles ont permis et défendu certaines cultures. Tantôt, elles ont fixé le prix de la vente qu'on ne pouvait faire qu'à elles de certaines productions, tantôt, elles ont enjoint, sous peine de confiscation, de détruire une partie de ces mêmes productions pour en empêcher, disaient-elles, le discrédit. En un mot, dirigées à la fois par une aveugle avidité et par l'appât de très gros dividendes, elles n'ont cessé de tout comprimer au risque de tout détruire.

Souvent, le gouvernement de la métropole, en leur octroyant des concessions, leur ordonnait de prendre un certain nombre de mesures dans l'intérêt des colonies (1). Malgré cela, le gaspillage présidait à l'exploitation des richesses naturelles qui auraient dû faire la prospérité des régions où elles se trouvaient. L'agriculture était négligée ; de même l'instruction publique, car la misère était parfois atroce, tout l'or était drainé vers la métropole pour emplir les caisses des capitalistes et de l'Etat, et la culture intellectuelle des habitants devait être nulle, afin qu'ils fussent résignés à vivre

(1) Voir L. Pauliat, *La politique coloniale de l'ancien régime.*

comme des bêtes de somme sans pouvoir prendre jamais l'habitude de penser. Mais la mauvaise exploitation de mines et des forêts en amenait peu à peu la ruine; les dividendes devenaient de moins en moins considérables; finalement les compagnies faisaient faillite. Les colonies retombaient alors sous la domination des gouverneurs afin d'être mises en coupes réglées par quelques aventuriers soutenus en haut lieu. Pour les colons ordinaires, pas de liberté individuelle, pas de libertés locales. Le gouverneur entend gouverner en maître absolu. Rien ne peut être fait sans son autorisation; par suite, rien ne peut être fait sans qu'il y ait des droits à acquitter, des impôts à payer. Des impôts, toujours des impôts. Des charges, toujours des charges. Et cependant, rien n'est décidé pour améliorer le sort de ceux qui payent et qui peinent. Les hauts fonctionnaires veulent tout, et les contributions prélevées sur les indigènes que l'on a soumis et les subventions accordées quelquefois par le gouvernement métropolitain. Un jour vient où la patience cède. Ruinées par les compagnies et les aventuriers, fatiguées du despotisme où l'on veut qu'elles vivent, les colonies se révoltent enfin et cherchent à conquérir leur indépendance.

L'Histoire coloniale de l'Espagne nous offre l'exemple le plus frappant de révoltes successives, poursuivies pendant un siècle pour chasser des colonies un régime insupportable, qui ne pouvait enrichir ni la métropole ni les colonies. Du premier rang qu'elle occupait autrefois parmi les puissances de l'Europe et du monde, l'Espagne est descendue pour se perdre dans les rangs secondaires. Aujourd'hui, après les guerres continuelles contre ses colonies révoltées, après des efforts héroïques, mais vains, pour résister aux injonctions des Etats-Unis de l'Amérique du Nord, elle est ruinée dans son commerce, elle est atteinte dans ses finances, elle s'est vue à peu près dépouillée de ce qui lui restait de puissance coloniale depuis Christophe Colomb ; elle n'a plus pour marine de guerre que les quelques navires qui n'ont pu figurer aux désastres de Cavite et de Santiago.

Tout autres sont les résultats d'une politique d'autonomie. La révolte des colonies américaines en 1776 conduisit l'Angleterre à l'étude plus serrée des principes qui doivent présider à l'expansion nationale (1). Ces principes règlent l'évolution des colonies. Les premiers établissements, dans les premiers temps de leur croissance, sont naturellement sous la juridiction absolue du gouvernement métropolitain ; ce ne sont encore que des établissements de la Couronne. Mais ces établissements peuvent devenir colonies à gouvernement responsable, dès que certaines conditions sont remplies. Aussitôt, la colonie marche à grands pas vers un régime de pleine liberté : son Parlement entame peu à peu les pouvoirs d'abord considérables du gouverneur métropolitain. Il arrive un temps où celui-ci n'est plus que le représentant désarmé de la Couronne. La colo-

(1) Voir George Parkin, *Imperial Federation. The problem of national unity*. Introduction.

nie est devenue autonome, et, poursuivant son évolution, embrasse dans sa sphère d'influence des espaces de terre considérables, un continent même. C'est ainsi que malgré leurs efforts, mais grâce à leur politique étroite, les Espagnols, les Portugais, les Hollandais, les Français ont été annihilés par la population britannique dans les nouvelles contrées ouvertes à l'Europe par les voyageurs des temps modernes. Les idées anglo-saxonnes se sont condensées dans de grands centres d'activité humaine, assimilant à elles toutes les autres idées. Teutons, Latins, Scandinaves, sauf une ou deux exceptions bien définies (1), perdent leur identité et tendent à disparaître dans la masse dominante de la population britannique qui, semblable à un fleuve largement ouvert, s'échappe constamment des îles mères pour occuper des régions tempérées qui sont manifestement destinées à devenir, à un degré croissant, des centres de la force du monde.

Mais un danger paraît être la conséquence de la politique d'autonomie. Grandies en richesse et en population, les colonies peuvent un jour proclamer leur indépendance. Les Anglais ont compris le danger, et, depuis quelque temps, ils attendent l'occasion favorable pour orienter leur système politique vers une autre organisation.

Il s'agit d'une organisation fédérale qui grouperait autour d'un même parlement les diverses parties de l'empire britannique.

(1) Les Français au Canada, les Boërs au Cap.

En 1868, sir Charles Dilke lança l'expression de « Greater Britain ». Il entendait par là tous les pays de langue et de mœurs anglaises, et peuplés pour une forte proportion d'Anglais, d'Ecossais ou d'Irlandais venus de la Grande-Bretagne et de l'Irlande ; il y faisait entrer les Etats-Unis. Ce mot fit fortune ; il exprimait une idée, il désignait un but, il exaltait le patriotisme du peuple anglo-saxon ; un fort courant se dessina en faveur de l'empire britannique fédéralisé.

C'est en novembre 1884 que se constitua « la Ligue pour la Fédération Impériale ». Elle avait pour objet d'assurer l'unité permanente de l'empire, par la fédération du Royaume-Uni et de ses colonies à gouvernement responsable : le Canada et Terre-Neuve, le Cap et Natal, l'Australie méridionale, l'Australie occidentale, la Nouvelle-Galles du Sud, la Nouvelle-Zélande, Queensland, la Tasmanie et Victoria. Grâce à ses efforts, une Conférence impériale, convoquée par la Reine, se réunit à Londres le 4 avril 1887. Ces onze colonies y étaient représentées. Il ne sortit de cette conférence ni la Fédération politique ni l'Union douanière. On approuva l'engagement des colonies australiennes à contribuer pour l'avenir à l'entretien de la flotte britannique qui serait employée à protéger leurs côtes. On approuva les travaux de défense à faire au Cap par le gouvernement colonial. On échangea des vues sur les communications postales et télégraphiques, sur l'adoption d'une législation uniforme des brevets et marques de fabrique, sur les moyens d'éviter les conflits de lois en matière de mariage, ainsi que sur les moyens de donner exécution aux jugements coloniaux et aux déclarations de faillite.

Sept ans se passèrent avant qu'une nouvelle conférence se réunît à Ottawa pour s'entendre sur les meilleurs moyens de faciliter les communications commerciales entre les diverses parties de l'empire britannique.

La Ligue avait bien multiplié ses efforts. Mais les difficultés devenaient innombrables quand il s'agissait de décider quelles matières seraient fédératives et quel organe gouvernemental y serait occupé. La Ligue de la Fédération Impériale disparut pour faire place au mois de décembre 1896 à la Ligue d'Empire, d'allures plus modestes et qui se place surtout au point de vue commercial.

Mais depuis 1895, un homme énergique, M. Chamberlain, occupe le ministère des Colonies. Il s'est fait le champion de l'impérialisme. En maintes occasions il a affirmé l'idéal actuel de la race anglo-saxonne, c'est-à-dire l'unité indéfectible de la mère-patrie et de ses colonies, réalisée dès maintenant par le sentiment populaire et dans un avenir aussi proche que possible par la fédération impériale. « Quand l'Angleterre », a-t-il dit quelque temps après l'envoi du télégramme de l'empereur Guillaume au président Krüger, « quand l'Angleterre s'est trouvée seule, sans un ami, alors que des menaces étaient proférées dans un lieu d'où l'on en attendait le moins et que le pays semblait se trouver à la veille d'une grande coalition, les colonies anglaises ont été les premières à offrir leur appui (1) ». Un moment, au jubilé de la reine, en juillet 1897, alors que les premiers ministres des grandes colonies étaient à Londres, on a cru qu'un grand pas serait fait vers la Fédération. Il n'en a rien été. M. Chamberlain n'en est pas moins aussi enthousiaste qu'auparavant. Il espère que la fédération des colonies de l'Afrique du Sud suivra celle des colonies australiennes qui ne peut pas tarder. « Ce sera, dit-il, un pas fait vers la Fédération de l'empire ». Pour le moment, il réclame une Union douanière, tandis que le duc de Devonshire, président du Comité de la Défense impériale, demande aux colonies leur concours le plus large afin d'assurer à l'empire une puissance formidable.

« Ce sont là de grandes aspirations », comme l'a dit lord Salisbury à la Conférence impériale de 1887 ; « mais ces aspirations ne sont pas séparées de toute entreprise réellement pratique par une ligne de démarcation aussi profonde que quelques personnes pourraient le croire. Elles sont pour le moment assez vagues, assez incertaines; mais elles sont la matière nébuleuse qui finira par former la matière d'où sortiront probablement des résultats très pratiques et très sérieux (2) ».

Certes, les objections ne manquent pas à la conception fédérale de l'empire britannique. La distance, les océans qui en séparent les diverses parties sont les

(1) *Le Temps* du 10 novembre 1897.

(2) Cité par Rolin Jacquemyns, « Le mouvement vers la Constitution fédérale de l'empire britannique », *Revue de droit intern. et de législ. comp.*, 1892, p. 113.

moindres. Mais les Etats-Unis de l'Amérique du Nord sont là, témoignant de la force que peut développer une fédération. Là aussi, on a eu à vaincre bien des difficultés. Aujourd'hui, l'Union américaine entraîne sous son influence les colonies européennes qui se débattent contre leurs métropoles pour en arriver à l'indépendance avec cette devise : Liberté.

Il ne faut pas se le dissimuler : au point où en est arrivée la lutte entre les peuples, le principe fédératif s'imposera de jour en jour davantage à tous les gouvernements. En Amérique, si la race anglo-saxonne veut tout soumettre à son autorité, il est probable qu'aux Etats-Unis de l'Amérique du Nord les Républiques latines opposeront les Etats-Unis de l'Amérique du Sud. En Océanie, nous aurons bientôt les Etats-Unis de l'Australasie. En Europe, le vingtième siècle pourra peut-être compter des fédérations plus importantes que la Suisse et plus réelles que l'Allemagne.

L'idée de fédération est certainement la plus haute à laquelle se soit élevé le génie politique. Au point de vue de l'influence extérieure, elle unit toutes les volontés pour la défense commune. Au point de vue de l'ordre à l'intérieur, elle respecte les mœurs et les coutumes, elle garantit les libertés locales, l'intervention du pouvoir fédéral ne devant avoir lieu que pour faire cesser les troubles, les révoltes. En un mot, elle résout toutes les difficultés que soulève l'accord de la Liberté et de l'Autorité : liberté pour tout ce qui regarde les exigences des contrées et les droits de l'individu ; autorité pour tout ce qui concerne la concorde et l'existence même des Etats, unis dans la fédération.

Sans doute, l'empire colonial français n'est pas peuplé de gens de même race, parlant la même langue, ayant les mêmes mœurs. Mais le système fédératif est en ceci supérieur à tous les autres systèmes, qu'il est applicable à toutes les nations comme à toutes les époques, et qu'il peut unir comme en Suisse des peuples très différents. Sa politique est toute de progrès : « elle consiste à traiter chaque population à tel moment que l'on indiquera, suivant un régime d'autorité et de centralisation décroissantes, correspondant à l'état des esprits et des mœurs (1) ».

L'avenir est aux fédérations.

(1) Proudhon, *Du principe fédératif*, p. 83

CHAPITRE II

LES SYSTÈMES COLONIAUX EN FRANCE DEPUIS 1789

L'idée d'une Fédération de la France et de ses colonies a traversé l'esprit des constituants. Chacun en a senti le besoin sans pouvoir préciser.

A la séance du 1er décembre 1789, un député de la Guadeloupe, M. de Curt, déposa cette proposition : « L'Assemblée nationale décrète qu'il sera nommé sans délai un comité des colonies pour préparer toutes les matières qui peuvent être relatives à ces possessions importantes », c'est-à-dire un plan général de constitution, d'administration et de jurisprudence, plan uniforme pour un ensemble de colonies bien différentes.

Cette proposition fut combattue par des députés coloniaux, dont beaucoup, surtout ceux de Saint-Domingue, étaient franchement autonomistes. De la discussion très vive qui s'éleva, il se dégageait ceci : qu'il fallait à chaque colonie une constitution différente et que les députés de la métropole n'avaient pas les connaissances requises pour la leur donner.

« Ne nous méprenons pas », dit un député de Nantes, M. Blin, « les colonies ne sont ni ne peuvent être rangées dans la classe des provinces d'un même empire, liées par les mêmes intérêts, par les mêmes usages, par les mêmes mœurs, et disposées sur un sol de même nature.

Les colonies sont des espèces de puissances alliées, de parties fédératives de la nation, que l'on pourrait assimiler à nos anciennes provinces d'Etats, avec cette différence qu'autant il était indispensable de ramener toutes les provinces contiguës de ce royaume à la même forme de gouvernement et aux mêmes droits respectifs, autant il serait injuste et absurde de ne pas maintenir les colonies, qui ne peuvent être soumises qu'à des lois particulières, dans leur indépendance à cet égard (1) ».

Cela posé, la question qui s'offrait naturellement la première à résoudre, d'après M. Blin, était celle-ci : « Est-ce à l'Assemblée nationale de France de faire la constitution de ses colonies ? » — La seconde : « S'il n'appartient pas à l'Assemblée nationale de France de faire cette constitution, à qui le droit en est-il réservé suivant les règles inflexibles de la justice, si ce n'est aux représentants de chaque colonie, élus par les habitants convoqués à cet effet et qui travailleront sans sortir de leur territoire à fonder leur constitution (2) » ?

La motion de Curt fut repoussée.

Mais les désordres aux colonies allèrent chaque jour s'aggravant davantage. Des Assemblées coloniales, élues seulement par les planteurs de race blanche, prétendaient tout soumettre à leur domination, surtout à Saint-Domingue, où l'Assemblée provinciale du Nord s'arrogeait tous les droits. Chaque jour, des nouvelles de plus en

(1) Voir *Arch. parlem.*, t. X (1re série), p. 349.

(2) Voir le discours de Blin dans les *Arch. parlem.*, t. X (1re série), p. 351.

plus alarmantes arrivaient à Versailles. De plus en plus inquiète, l'Assemblée nationale décida de s'occuper des affaires coloniales dans la séance du 2 mars 1790.

Puisque, sur la motion de Curt, on avait décidé qu'il n'y aurait pas de comité colonial et qu'on s'en remettait aux colonies de faire leurs vœux sur leur constitution, les documents reçus des colonies arrivaient au comité des rapports, dont l'abbé Grégoire était le président.

Le rapporteur avoua que le comité surchagé de besogne n'avait pas eu le temps de faire le travail nécessaire ; alors Alexandre de Lameth proposa de nommer un comité spécial, auquel seraient remis toutes les pièces relatives à Saint-Domingue et à la Martinique, ainsi que tous les détails instructifs à cet égard. Camus, député de Paris, fit la motion expresse de la nomination du comité. Cette motion fut appuyée par un grand nombre de députés. Aussi, l'Assemblée décida-t-elle qu'elle renverrait l'affaire des colonies à un comité de douze membres, pris parmi les députés, soit coloniaux, soit métropolitains.

Ces douze membres furent élus le 4 mars. Parmi eux figuraient Alexandre de Lameth et Barnave. Cazalès et l'abbé Maury étaient nommés membres supplémentaires.

Fatalement, l'on devait arriver au décret du 8 mars 1790 proposé par Barnave, comme rapporteur du comité colonial :

« L'Assemblée nationale, délibérant sur adresses et pétitions, déclare que, considérant les colonies comme une partie de l'empire français, et désirant les faire jouir des fruits de l'heureuse régénération qui s'y est opérée, elle n'a jamais entendu les comprendre dans la constitution qu'elle a décrétée pour le royaume, et les assujettir à des lois qui pourraient être incompatibles avec leurs convenances locales et particulières. En conséquence, elle a décrété et décrète ce qui suit :

Art. premier. — « Chaque colonie est autorisée à faire connaître son vœu sur la constitution, la législation et l'administration qui conviennent à la prospérité et au bonheur de ses habitants, à la charge de se conformer aux principes généraux qui lient les colonies à la métropole et qui assurent la conservation de leurs intérêts respectifs.

Art. 2. — « Dans les colonies où il existe des Assemblées coloniales librement élues par les citoyens, et avouées par eux, ces Assemblées seront admises à exprimer le vœu de la colonie. Dans celles où il n'existe pas d'Assemblées semblables, il en sera formé incessamment pour remplir les mêmes fonctions.

Art. 3. — « Le roi sera supplié de faire parvenir dans chaque colonie une instruction de l'Assemblée nationale renfermant : 1° les moyens de parvenir à la formation des Assemblées coloniales dans les colonies où il n'en existe pas ; 2° les bases générales auxquelles les Assemblés coloniales devront se conformer dans les plans de constitution qu'elles présenteront.

Art. 4. — « Les plans préparés dans lesdites Assemblées coloniales seront soumis à l'Assemblée nationale pour être examinés, décrétés par elles et présentés à l'acceptation et à la sanction du roi.

Art. 5. — « Les décrets de l'Assemblée nationale sur l'organisation des municipalités et des Assemblées administratives, seront envoyés aux dites Assemblées coloniales avec pouvoir de mettre à exécution la partie des dits décrets qui peut s'adapter aux convenances locales, sauf la décision définitive de l'Assemblée nationale et du roi, sur les modifications qui auraient pu y être apportées et la sanction provisoire du gouverneur, pour l'exécution des arrêtés qui seront pris par les Assemblées administratives.

Art. 6. — « Les mêmes Assemblées coloniales énonceront leur vœu sur les modifications qui pourraient être apportées au régime prohibitif du commerce entre les colonies et la métropole, pour être sur leurs pétitions, et après avoir entendu les représentations du commerce français, statué par l'Assemblée nationale. »

Ainsi allait être réalisé ce projet vague encore d'une fédération naissante de la France et de ses possessions, chaque colonie ayant son administration propre, la France ne conservant un droit de tutelle que pour tout ce qui concerne « les principes généraux qui lient les colonies à la métropole », termes très vagues, mais dont le sens était bien celui-ci : haute police à l'intérieur contre toute idée de sécession, défense du territoire et représentation à l'étranger. En effet, en 1791, l'acte constitutionnel du 24 septembre indique quels sont les principes généraux qui lient les colonies à la métropole, en déclarant que l'Assemblée nationale statue exclusivement sur le régime extérieur des colonies : à elle seule appartient la confection des lois relatives au régime commercial, à l'organisation de la justice, à la défense de nos établissements, ainsi qu'à l'exécution des engagements entre habitants et commerçants. Sur ces diverses matières, les Assemblées coloniales peuvent seulement adresser des propositions : et pour que ces propositions pussent être appuyées à l'Assemblée nationale, il était dit, dans la Constitution du 3 septembre 1791, qu'il pourrait être accordé des représentants aux colonies.

Donc, trois idées principales caractérisent l'esprit fédératif de la Révolution de 1789 à 1791, quant au gouvernement des colonies :

1° La France, les colonies et possessions françaises sont des parties d'un même empire (1).

2° A chacune de ces parties doit appartenir la direction des affaires locales, et cette direction, aux colonies, reviendra naturellement aux Assemblées coloniales.

3° Mais la défense du territoire, la justice et le commerce, toutes ces matières d'où dépend la prospérité de l'empire français, seront de la compétence exclusive de l'Assemblée nationale, où seront représentées les diverses parties de la Nation, quelle que soit la latitude sous laquelle elles seront appelées à se développer.

Le décret du 8 mars 1790, adopté avec enthousiasme par l'Assemblée nationale constituante, fut accueilli avec non moins d'enthousiasme par les colo-

(1) Constitution du 3 Septembre 1791, titre VII, art. 8.

nies. L'instruction contenue dans un autre décret, décret du 28 mars, eut le même accueil.

Cependant, la guerre civile était près d'éclater dans nos colonies. Insuffisamment appuyé par des forces métropolitaines, le décret du 8 mars vint se briser contre la résistance née du mépris des blancs pour les mulâtres et les noirs, mépris qui devint de la haine et qui, réveillant les instincts de révolte chez les opprimés, amena la ruine des colonies.

Dans les Antilles, les gens de couleur, libres et satisfaisant à toutes les conditions pour être citoyens actifs, crurent qu'enfin les droits de l'homme leur étaient reconnus et qu'ils auraient leurs représentants. Les noirs placés dans des conditions identiques eurent la même espérance. Le décret du 28 mars 1790 ne disait-il pas dans son art. 4 : « Toute personne libre, propriétaire ou domiciliée depuis deux ans et contribuable, jouira du droit de suffrage qui constitue la qualité de citoyen actif? »

Mais les colons blancs s'irritèrent à l'idée d'avoir, à côté de leurs représentants, des mulâtres et des noirs. Partisans de l'autonomie coloniale, certes, ils l'avaient tous été. Mais c'est qu'ils pensaient que seuls ils pourraient gouverner et conduire à leur guise ceux qu'ils accablaient de leur mépris, et qui osaient revendiquer les droits de l'homme.

Là fut la première cause des troubles qui éclatèrent aux colonies. Outrageusement, noirs et mulâtres furent rejetés des Assemblées primaires; on désarma ceux qui étaient armés et enrégimentés dans les milices coloniales (1). Un blanc, un juge, M. Ferraud de Baudière, qui s'était montré leur défenseur, fut décapité. Les propriétés des hommes de couleur les plus riches furent envahies à main armée par des hommes sans lois et sans mœurs, des petits blancs, comme on les appelait, parce que, n'étant pas propriétaires et ne payant pas la contribution, ils n'étaient pas citoyens actifs. Tout fut mis au pillage. Un M. de la Palie fut assassiné. Il y eut même un massacre d'une foule d'autres malheureux (2). Alors, un mulâtre, devenu lieutenant-colonel, Vincent Ogé, voulut, par la force, faire appliquer le décret de la Constituante. Pris et condamné au supplice de la roue, il fut exécuté.

« La seconde cause des troubles, dit l'abbé Grégoire aux Constituants dans la séance du 11 mai 1790, la seconde cause des troubles se trouve dans la fausse marche qu'on vous a fait suivre depuis le décret du 8 mars.

« Le rapporteur (3) n'avait pas vu, sans doute, que lorsqu'une colonie est divisée en deux classes d'hommes, dont l'une est opprimée par l'autre et sent vivement son oppression, il est impossible de prolonger longtemps cet état de convulsion. Il vous aurait dit : « Les citoyens de couleur libres, propriétaires, contribuables comme les blancs, doivent être comme eux citoyens

(1) Rapport de Barnave à la séance du 29 novembre 1790. Voir *Arch. parlem.*, t. XXI, p. 125.

(2) Voir le discours de l'abbé Grégoire à la séance du 11 mai 1791. *Arch. parlem.*, t. XXV, p. 738.

(3) Barnave.

actifs. » Telle était la marche simple que la justice, le bon sens et la politique réclamaient; et si, dès lors, un pareil décret eût été appuyé par beaucoup de troupes bien pénétrées de l'esprit de la Révolution, n'en doutez pas, Messieurs, la tranquillité règnerait aujourd'hui dans nos colonies.

« A cette marche simple, on a préféré l'ambiguïté. On disait aux mulâtres : « Vous êtes compris sous la dénomination de *toutes personnes.* » On disait aux blancs : « L'Assemblée nationale ne désigne pas les gens de couleur; vous pouvez argumenter de ce silence. »

Et l'on venait, le 7 mai 1791, au nom des comités réunis de constitution, des colonies, de la marine, d'agriculture et de commerce (1), proposer une mesure inique pour couronner les injustices faites!...

« Vos comités vous proposent la formation d'un comité général des colonies ayant pour seul objet l'amélioration de l'état politique des hommes de couleur et des nègres libres », avait dit le rapporteur Delattre (l'aîné). « Ce comité serait composé d'un certain nombre de membres pris dans les assemblées des différentes colonies; ils s'assembleraient à Saint-Martin, île située presque au centre de l'archipel américain. »

L'idée de fédération se retrouve dans cette proposition; mais l'idée est étroite, puisqu'elle préconise non une fédération de peuples, mais une union des plan-

(1) La question coloniale étant devenue de plus en plus compliquée, un décret du 5 avril 1791 avait adjoint plusieurs comités au Comité colonial pour préparer des instructions sur l'organisation des colonies.

teurs de race blanche contre les hommes de couleur.

En effet, le comité de Saint-Martin devait être composé de membres pris dans les assemblées des différentes colonies; or, ces assemblées étaient entièrement composées de blancs, les planteurs de race blanche ayant chassé des assemblées primaires les mulâtres et les noirs. Ainsi, c'était livrer ceux-ci à leurs pires ennemis.

Quoi! pour être juste avec prudence, on allait être oppresseur avec adresse!...

Mais, sous l'Ancien Régime même, l'édit de 1685 n'avait-il pas donné aux affranchis tous les droits dont jouissaient alors les autres citoyens (1)!...

Dans la séance du 7 mai 1791, Pétion s'était déjà élevé avec force contre le projet de loi; et s'adressant à ses collègues de l'Assemblée nationale, il s'était écrié : « Comment est-il possible que vous entendiez de sang-froid un pareil décret?... On vous dit d'assembler un Congrès qui sera composé des colons blancs de toutes les îles, et ce congrès prononcera sur le sort des hommes libres de couleur... Lorsqu'il s'est agi de convoquer les Etats-Généraux, croit-on que la Révolution se fût faite si les communes eussent consenti à ce que le clergé et la noblesse fussent seuls représentés et s'assemblassent seuls pour délibérer sur les privilèges de la noblesse et du clergé (2)? »

(1) Voir le discours de l'abbé Grégoire à la séance du 11 mai 1790. *Arch. parlem.*, 1re série, t. XXV, p. 741.

(2) *Arch. parlem.*, 1re série, t. XXV, p. 641.

La discussion fut longue : elle dura cinq jours. Ce fut une des plus orageuses de la Constituante. Robespierre y prononça une véhémente apostrophe dont on a fait cette phrase historique : « Périssent les colonies plutôt qu'un de nos principes ».

C'était le 13 mai. Dupont de Nemours avait déjà prononcé ces paroles : « On vous menace du ressentiment de ces nobles d'outre-mer (1). On vous dit que leur courroux les rendra traîtres à la patrie, et les fera renoncer à faire partie de l'Empire français... Ne craignons pas, Messieurs, la séparation de nos colonies. Si elle devait avoir lieu, si vous vous trouviez dans la nécessité pressante de sacrifier la justice ou l'humanité, je vous dirais que votre intérêt, celui de l'Europe, celui du monde, exige le sacrifice d'une colonie plutôt que d'un principe » (2).

« Hélas ! » s'était ensuite écrié l'abbé Maury, dans un très long discours, « hélas ! est-ce donc aussi une révolution que l'on veut commencer dans vos colonies ?... Une révolution ! mais une révolution dans vos colonies en serait l'indépendance, c'est-à-dire l'anéantissement. Une révolution y serait un changement de domination, elle ferait rentrer tous les esclaves dans la jouissance de leur liberté, tous les hommes de couleur dans l'exercice inouï, mais peu durable, de leurs droits politiques ; et tous les blancs, proscrits par cette insurrection inévitable, dépouillés de leurs propriétés,

(1) Les blancs.
(2) *Arch. parlem.*, 1re série, t. XXVI, p. 50.

esclaves de leurs esclaves, n'auraient plus à opter qu'entre l'émigration, la servitude et la mort » (1).

L'Assemblée paraissait quelque peu ébranlée. Moreau de Saint-Méry, député de la Martinique, demanda, pour rassurer l'intérêt des colons, que le mot *esclaves* fût mis dans la loi à la place de celui de *non-libres* que Lucas et Rewbell venaient de proposer.

Alors, Robespierre, plein d'indignation, dit qu'on voulait déshonorer l'Assemblée par ce mot d'esclaves, et s'écria : « C'est un grand intérêt que la conservation de vos colonies ; mais cet intérêt même est relatif à votre Constitution, et l'intérêt suprême de la nation et des colonies elles-mêmes est que vous conserviez votre liberté et que vous ne renversiez pas de vos propres mains les bases de cette liberté. *Eh ! périssent vos colonies, si vous les conservez à ce prix*... Oui, s'il fallait, ou perdre vos colonies, ou leur sacrifier votre bonheur, votre gloire, votre liberté, je le répète : *Périssent vos colonies!*... Si les colons veulent, par les menaces, nous forcer à décréter ce qui convient le plus à leurs intérêts, je déclare, au nom de l'Assemblée, au nom de ceux des membres de cette Assemblée qui ne veulent pas renverser la Constitution ; je déclare, au nom de la nation entière qui veut être libre, que nous ne sacrifierons pas aux députés des colonies qui n'ont pas défendu leurs commettants, comme M. Monneron (2) ; je déclare, dis-je, que nous ne leur sacrifierons ni la

(1) *Arch. parlem.*, 1re série, t. XXVI, p. 56.

(2) Louis Monneron, député de l'Ile-de-France et des Indes orientales, s'était prononcé en faveur des hommes de couleur.

nation, ni les colonies, ni l'humanité entière » (1).

« Il ne s'agit pas de se battre sur les mots », répondit Moreau de Saint-Méry ; « persuadé que les choses sont bien entendues, qu'elles le sont comme je les entends moi-même, je retire l'amendement du mot esclaves (2). »

Deux décrets furent rendus.

Le 13 mai 1791, « l'Assemblée nationale décrète comme article constitutionnel qu'aucune loi sur l'état des personnes non-libres ne pourra être faite par le Corps législatif pour les colonies que sur la demande formelle et spontanée des assemblées coloniales ».

Ce décret, fait pour calmer les craintes des planteurs, remettait entre leurs mains le sort des esclaves.

Le 15 mai 1791, « l'Assemblée nationale décrète que le Corps législatif ne délibérera jamais sur l'état politique des gens de couleur qui ne seraient pas nés de père et mère libres, sans le vœu préalable, libre et spontané des colonies ; que les assemblées coloniales actuellement existantes subsisteront ; mais que les gens de couleur nés de père et mère libres seront admis dans toutes les assemblées paroissiales et coloniales futures, s'ils ont d'ailleurs les qualités requises ».

Ce décret, fait pour allier le respect de la justice au respect des préjugés, imposait donc clairement cette volonté : les hommes de couleur libres, nés de père et mère libres, et satisfaisant d'ailleurs aux conditions re-

(1) *Arch. parlem.*, 1re série, t. 26, p. 60.
(2) *Arch. parlem.*, 1re série, t. 26, p. 61.

quises, auront désormais tous les droits des citoyens actifs ; par suite, ils seront admis dans toutes les assemblées paroissiales et coloniales, lorsque celles actuellement existantes seront arrivées à la fin de leur mandat.

Mais les assemblées coloniales, entièrement composées de blancs, eurent bientôt fait de dépasser les limites que la Constituante leur avait assignées. Elles prétendirent avoir le même droit pour régir les colonies que l'Assemblée nationale pour gouverner la France. En conséquence, elles prirent des décisions souveraines. C'était la révolte contre la métropole ; ce fut le réveil de la guerre civile, surtout à Saint-Domingue, où les mulâtres, auxquels se joignirent les noirs, voulaient l'exécution pleine et entière des décrets rendus par l'Assemblée nationale.

Celle-ci s'effraya de la révolution qui se poursuivait aux colonies. Déjà, l'île de la Réunion se gouvernait avec une indépendance qu'elle garda jusqu'en 1803. Aussi, sur les instances des députés coloniaux envoyés par les blancs des Antilles et auxquels s'étaient joints les députés des villes maritimes, le décret du 15 mai 1791 fut abrogé six mois après avoir été rendu ; en effet, le 24 septembre 1791, l'Assemblée nationale abandonnait aux pouvoirs locaux, sauf approbation provisoire du gouverneur et sanction du roi, non seulement le droit de faire des lois concernant l'état des personnes non-libres, mais encore l'état politique des nègres et des hommes de couleur libres, nés de parents libres, auxquels, six mois auparavant, elle avait reconnu l'égalité politique.

La lutte aux Antilles en devint plus ardente : les hommes de couleur ne voulurent pas se soumettre à ce qu'ils savaient être le triomphe des manœuvres des blancs.

C'est pourquoi, par un décret du 28 mars 1792, l'Assemblée législative rétablit la situation résultant du décret du 15 mai 1791 et l'étendit même à tous les hommes de couleur et nègres libres.

Les assemblées coloniales des Antilles ne voulurent pas appliquer ce décret.

Alors, l'Assemblée législative donna pleins pouvoirs à des commissaires civils qu'elle envoya aux colonies. Ces commissaires avaient le droit de suspendre et même de dissoudre les assemblées coloniales, les assemblées provinciales, les municipalités. Toute désobéissance à leurs ordres était considérée comme crime de haute trahison (1).

C'était l'heure des résolutions énergiques. Contre la France, toute l'Europe se coalisait. Bientôt, les royalistes agitèrent la Vendée, la Provence et Lyon.

L'Angleterre voulut, à la faveur des troubles, s'emparer des derniers lambeaux de notre ancien empire colonial. Comme elle soutenait les royalistes en France, elle soutint les planteurs de race blanche aux colonies.

A Saint-Domingue, la situation devint intenable.

(1) Décrets du 15 juin pour Saint-Domingue, du 2 juillet pour les autres Antilles, du 5 juillet pour la Guyane.

Contre les blancs révoltés, les commissaires envoyés par la Législative rallièrent autour d'eux les mulâtres et les nègres. Le 29 août 1793, ils prononcèrent l'abolition de l'esclavage.

Aussitôt les planteurs de race blanche livrèrent aux Anglais la plupart des places de la colonie.

Les noirs se choisirent pour chef un homme d'une rare valeur, Toussaint-Louverture, que le Directoire confirma dans son grade de général commandant en chef. Cet homme de génie établit une forte discipline dans ses troupes, mit de l'ordre dans la colonie, administra avec sagesse, occupa la partie espagnole d'Haïti cédée à la France par le traité de Bâle et chassa les Anglais.

Bonaparte le fit mourir prisonnier au fort de Joux et tenta de rétablir l'esclavage à Saint-Domingue, ainsi qu'à la Guadeloupe et à la Martinique, d'où Victor Hugues, envoyé par la Convention, avait réussi, en 1794, à chasser les Anglais et à faire appliquer la loi du 16 pluviôse an II sur l'abolition de l'esclavage.

Nos meilleurs soldats de l'armée du Rhin, chargés de cette triste besogne, périrent presque tous de la fièvre jaune. Les noirs des Petites-Antilles retombèrent sous le joug ; mais ceux de Saint-Domingue, si fiers autrefois de se dire Français, proclamèrent leur indépendance le 1er janvier 1804.

Le 30 *avril* 1803, Bonaparte avait vendu la Louisiane aux Américains, dans la crainte de voir tomber cette colonie au pouvoir des Anglais. Il resta donc bien peu de chose du domaine colonial de la France, *même après* 1815, quand l'Angleterre nous eut rendu quelques-unes de nos possessions. A part les îlots de Saint-Pierre et Miquelon ; à part la Guyane et quelques comptoirs au Sénégal, nous n'avions en effet que la Martinique, la Guadeloupe, la Réunion, trois îles très belles, sans doute, mais combien peu considérables !

En résumé, pour administrer les colonies, la Révolution essaya trois systèmes.

Avec l'Assemblée constituante, ce fut le système d'une autonomie orientée vers une fédération pour tout ce qui concerne le régime extérieur des colonies, la défense, les lois commerciales et leur application (1).

Les troubles qui désolèrent alors les Antilles amenèrent les conventionnels à inaugurer le système de l'assujettissement par l'assimilation. La Constitution de l'an III déclara (2) que les colonies seraient soumises à la même loi constitutionnelle que la métropole et qu'elles seraient divisées en départements.

L'opposition que le principe d'assimilation rencontra un peu partout y fit complètement renoncer, et la Constitution du 22 frimaire an VIII, en déclarant (3) que le régime des colonies françaises serait déterminé par des lois spéciales, inaugura le système de l'assujettissement despotique qui devait rétablir la traite des noirs et l'esclavage.

(1) Décrets du 8 mars et du 28 mars 1790. Constitution du 3 septembre 1791 (titre VII, art. 8). Décret du 24 septembre 1791.

(2) Art. 6 et 7.

(3) Art. 91.

Avec la Restauration, et durant presque tout le dix-neuvième siècle, la politique de la France a été une politique d'assujettissement par l'assimilation progressive des colonies à la métropole.

Une ordonnance, l'ordonnance du 21 août 1825, applicable à la Réunion et étendue successivement dans ses parties essentielles à toutes nos possessions, est encore aujourd'hui le fondement de l'organisation des colonies. A la tête de chacune d'elles se trouve un gouverneur qui personnifie la métropole et concentre dans ses mains tous les pouvoirs civils et militaires ; il est assisté par des chefs de service en nombre variable suivant les lieux ; il est plus ou moins contrôlé par un Conseil local, Conseil d'administration formé de fonctionnaires qu'il soumet à ses ordres, ou Conseil général composé de membres élus avec lesquels il est souvent en guerre. — Au-dessus de cette organisation dont le nœud constitue dans la métropole le Ministère des Colonies, la volonté métropolitaine plane, et cette volonté se manifeste aujourd'hui, en vertu du sénatus-consulte du 3 mai 1854, par des lois, mais surtout par des décrets simples ou des décrets en Conseil d'Etat.

Jamais n'ont pu être garantis d'une façon durable les droits respectifs des colonies et de la métropole. La loi du 24 avril 1833, alors appelée Charte coloniale, l'essaya cependant. Elle délimita le domaine respectif du Parlement, du Roi et des Conseils coloniaux. Au Parlement étaient réservées les matières les plus importantes, d'ailleurs déterminées avec une grande précision ; c'étaient, entre autres les lois relatives à l'exercice des droits politiques, les lois civiles et criminelles concernant les hommes libres, les lois sur le commerce et le régime des douanes. Ce qui était réservé aux ordonnances royales était déterminé avec non moins de précision : il y avait l'organisation administrative, sauf le régime municipal qui rentrait dans le domaine de l'administration locale, puis la police de la presse, l'instruction publique, les milices. Pour toutes les matières qui n'étaient pas réservées aux lois de l'Etat et aux ordonnances royales, les Conseils coloniaux pouvaient rendre des décrets soumis sans doute à la sanction du Roi (art. 8), mais aussi en principe, d'après l'art 4 et malgré les exceptions, seule source de toute la législation coloniale. Les Antilles, la Guyane et Bourbon, pour qui l'on avait fait cette loi libérale, commençaient à s'y habituer, quand la Révolution de 1848 arrive et renverse tout, veut mais n'ose placer les colonies sous l'empire de la loi métropolitaine ; son passage est marqué par une grande mesure humanitaire, l'abolition de l'esclavage proclamée par l'art. 6 de la Constitution. Voilà donc les colonies dépouillées de leur autonomie partielle, les voilà soumises au régime des lois particulières, en attendant qu'avec le second Empire elles soient soumises au régime des décrets en vertu du sénatus-consulte du 3 mai 1854. Plus tard, la Martinique, la Guadeloupe et Bourbon obtenaient le pouvoir de faire renaître leur prospérité en s'appuyant sur le sénatus-consulte du 4 juillet 1866 qui complétait la loi très importante du 3 juillet 1861 sur l'abolition du pacte colonial et qui les laissait libres d'établir leurs droits de douane et leurs tarifs d'octroi de mer. La loi douanière du 11 janvier 1892 est venue leur enlever toute prérogative à cet égard.

Aussi est-il nécessaire d'adopter une politique coloniale nette. La France possède aujourd'hui des territoires aussi grands et plus grands qu'elle-même, aussi riches et plus riches peut-être que les pays par elle autrefois occupés. Qu'on ne parle pas d'assimilation. L'assimilation n'est qu'une forme de l'assujettissement. Rien n'est plus despotique que de vouloir imposer à des populations très diverses le cadre d'une organisation qui ne répond ni à leurs besoins ni à leurs mœurs et qui a été faite pour un pays très différent du leur. Rien n'est plus arbitraire que cette règlementation intense qui, partant de la métropole pour se développer aux colonies entre les mains des administrateurs, paralyse toute initiative, énerve toutes les bonnes volontés, froisse les aspirations les plus légitimes.

« Cette manie d'assimiler une colonie à la métropole », a dit Thiers (1), « et de croire qu'en la froissant on la civilise, possède seulement les colonisateurs peu éclairés. »

Il convient d'abandonner cette conception d'esprit :

« Etablir quand même aux colonies les institutions de la métropole pour prendre celles-ci ; conserver les institutions locales et les gagner le plus possible, par le

(1) *Histoire du Consulat et de l'Empire*, liv. X, p. 60. « Évacuation de l'Egypte. Travaux administratifs de Menou ».

libre consentement et par l'éducation, aux idées métropolitaines, ou plutôt aux idées de la civilisation moderne ».

L'exemple de l'Algérie devrait suffire pour condamner le principe de l'assimilation. Voilà un pays sensiblement différent du nôtre par le climat, par les productions, par la situation. On s'établit dans ce pays, on se heurte à des populations civilisées autrement que nous. N'importe : il y a dans la métropole des déparments, des arrondissements, des communes; il y a des préfets, des sous-préfets, des maires, des conseillers généraux, des conseillers municipaux, des tribunaux civils et de commerce, des cours d'appel, des justices de paix, des offices de notaire, d'avoué, d'huissier, des gardes-champêtres, des gendarmes, des commissaires de police, des gardes forestiers, des inspecteurs et des conservateurs des forêts, etc. Il y aura tout cela dans le pays; ce ne sera pas une colonie proprement dite, ce sera le prolongement de la France. « Français, s'écriera-t-on, il n'y a plus de Méditerranée. »... Le temps se charge de montrer que la mer est large et que la France est loin : du conflit de civilisations différentes naît la lutte des races en présence; dans la mêlée, se jettent les gens d'affaires, véritables sauterelles exterminatrices, qui ne tardent pas à porter la ruine dans les plus riches contrées; les indigènes, perdus dans le dédale d'une organisation administrative et judiciaire compliquée, n'ont plus foi dans la justice des vainqueurs. Bientôt, un malaise effroyable pèse sur le pays, et la France est tout étonnée de trouver devant elle non seulement des indigènes insoumis, mais encore des colons révoltés.

Malgré tout, il est un parti très compact dont la doctrine se résume en ces mots : « Il ne peut y avoir qu'une bonne manière d'administrer : si nous l'avons trouvée pour les contrées européennes, pourquoi les autres en seraient-elles déshéritées? »

Je veux croire que Boissy-d'Anglas, en prononçant ces paroles (1), avait entièrement oublié que les peuples sont la résultante du climat, des croyances et de la situation géographique des contrées. Arrêtons-nous un moment à nos vieilles colonies : la Réunion, la Guadeloupe, la Martinique. Les populations y sont bien françaises par la langue, par les mœurs, par les croyances. L'assimilation y est-elle complète ? Au point de vue administratif, les Conseils Généraux n'y ont-ils pas des allures de petits Parlements (2) ?... Les gouverneurs n'y sont-ils pas des personnages bien plus considérables que les préfets de nos départements ? — Au point de vue économique, la loi douanière du 11 janvier 1892 entend-elle y établir les mêmes tarifs que dans la métropole ? — Au point de vue social enfin, toutes les lois françaises peuvent-elles convenir à ses colonies ?... Non, et la preuve en est dans les différences entre le Code civil colonial et le Code civil métropolitain (3).

(1) Choisies par M. Isaac comme épigraphe de son livre *Constitutions et sénatus-consultes*.

(2) Girault, *op. cit.*, p. 454.

(3) 1° Différences relatives aux dispenses de mariages. D'après les art. 145 et 164, le Président de la République seul

« Les colonies diffèrent de la métropole par la race, les productions, les besoins, etc. », dit un Mémoire adressé par les Ministres du Roi à l'Assemblée nationale le 27 septembre 1789 (1). « La plupart de ces différences tiennent à la nature même et à l'essence des choses ; rien ne peut les changer ; toutes les nations de l'Europe l'on senti ; toutes regardent leurs possessions éloignées comme des Etats distincts, mais dépendant de la métropole ; toutes ont été contraintes à leur donner d'autres lois que celles de la mère patrie, même en cherchant à les y assimiler autant qu'il serait possible par les formes du gouvernement et par les formes de l'analogie ».

peut accorder des dispenses d'âge, ou lever les prohibitions aux mariages entre beaux-frères et belles-sœurs, entre l'oncle et la nièce, la tante et le neveu. Aux Antilles et à la Réunion, ce droit appartient aux gouverneurs depuis les ordonnances du 21 août 1825 (art. 37), du 9 février 1827 (art. 39), et du 7 juin 1832 (art. 2).

2° Différences relatives aux mariages entre étrangers immigrants. Le sénatus-consulte du 20 juillet 1867 applicable aux Antilles et à la Réunion, a prévu des règles spéciales pour faciliter les mariages entre étrangers immigrants, soit que ces immigrants soient d'origine inconnue ou appartiennent à des pays dans lesquels la famille civile n'est pas constituée, soit qu'ils appartiennent à des Etats dans lesquels la famille civile est constituée.

3° Différences relatives aux successions vacantes (art. 811 à 814, C. c.). A la différence de la loi métropolitaine qui confie au tribunal la nomination du curateur à la succession vacante, le décret du 27 janvier 1851, s'inspirant en cela de l'édit du 24 novembre 1781, institue une curatelle d'office confiée au receveur de l'enregistrement. Voir « Colonies », nos 839, 840, 841, 844, *Répert. du droit administr.*, par Léon Béquet.

(1) *Arch. parlem.*, 1re série, t. IX, p. 592.

Pour toutes ces raisons, les partisans de l'assimilation eux-mêmes reconnaissent que les lois métropolitaines ne pourraient, dans toute leur étendue, être appliquées aux colonies.

Quant aux ménagements à apporter, aux réserves à faire, faut-il conserver le régime que le sénatus-consulte du 3 mai 1854 a inauguré et qu'on appelle régime des décrets ? Ce régime, tout le monde aujourd'hui l'attaque violemment. Sans doute, un décret est plus souple qu'une loi ; il est plus vite rendu, plus vite rapporté ; il se plie à toutes les exigences comme à toutes les situations. C'est justement cela qui fait naître les plaintes et germer les attaques. La législation coloniale est trop flottante, dit-on, trop incertaine : l'on se perd dans le trop grand nombre de décrets. De plus, il n'y a pas autour du décret les discussions qui se font autour d'une loi. L'opinion publique ne se passionne pas assez des questions coloniales. Il faut que ces questions arrivent au grand jour ; il faut que de la tribune de nos Chambres elles aillent intéresser jusqu'au moindre des hameaux. La législation coloniale doit appartenir au législateur ordinaire, au Parlement.

Cette solution ne paraît pas devoir remédier au mal dont souffrent nos colonies.

Je lui trouve deux défauts.

Tout d'abord, le manque de temps nécessaire aux Chambres pour pouvoir discuter sainement des affaires coloniales.

Ensuite, la discussion et le vote des questions qui intéressent les colonies, par des députés et sénateurs, en très grande majorité députés et sénateurs métropolitains

Reprenons ces deux points :

Les Chambres n'auront pas le temps nécessaire pour s'occuper des colonies. Déjà le temps leur manque pour s'occuper de la France d'Europe et pour établir le budget chaque année. Car j'aime à croire que toute loi ne s'appliquera pas indifféremment à toutes nos colonies ; on tiendra compte des différences profondes qui les séparent : il faudra donc adapter la loi aux besoins ou aux exigences de telle ou telle possession d'Afrique, de telle ou telle possession d'Asie, d'Amérique ou d'Océanie.

Je crains fort que les Chambres reculent devant ce travail aussi long que délicat et qu'elles chargent simplement le pouvoir exécutif de compléter cette loi générale et de l'adapter aux exigences présentes, par des règlements d'administration publique. Ce serait continuer le régime des décrets.

En second lieu, j'ai dit qu'il est très critiquable de voir les députés et les sénateurs, en grande majorité députés et sénateurs de la métropole, trancher les questions qui intéressent les colonies. Qu'arrivera-t-il ?... L'intérêt des colonies disparaîtra devant l'intérêt de la métropole. Peut-être même, malgré eux, les députés ne considéreront les colonies que comme des dépendances de l'industrie et du commerce métropolitain. (La preuve en est manifeste dans la loi douanière du 11 janvier 1892). L'on en restera à l'esprit de la vieille formule : « Les colonies sont faites par la métropole et pour la métropole ». Ce sera le système de l'assujettissement, c'est-à-dire la voie qui conduit à la ruine des colonies, à la révolte des colons et des indigènes, à l'indépendance. La représentation coloniale dans les Chambres métropolitaines, illogique d'abord, est ensuite inefficace. Cuba et Porto-Rico envoyaient aussi des députés aux Cortès; cela n'a pas empêché ces colonies de se révolter contre l'Espagne.

Si je n'admettais un système fédératif entre la France et ses colonies qui seraient autonomes, je pencherais plutôt pour un régime de décrets, rendus conformément aux décisions d'un Conseil supérieur des colonies, entièrement élu et jouant le rôle de Parlement colonial. Forcément, ce Conseil comprendrait des sections plus nombreuses que celles qui existent dans le Conseil actuel (1).

(1) Le Conseil supérieur des colonies est divisé en quatre sections correspondant à quatre groupes de colonies (décrets du 29 mai 1890 et du 2 avril 1891) :

1° Antilles et Réunion, Saint-Pierre et Miquelon, Guyane;

2° Sénégal, Soudan français, autres colonies de la Côte occidentale d'Afrique, Obock ;

3° Indo-Chine;

4° Inde française, Madagascar et dépendances, Océanie française.

Ces sections sont composées des sénateurs, députés et délégués élus des colonies, comprises dans le groupe correspondant à chaque section, et des membres nommés par arrêté ministériel. Les membres de droit (conseillers d'Etat, directeurs généraux, chefs de service aux ministères), ainsi que les délégués des chambres de commerce et des Sociétés de géographie ou de colonisation, sont appelés, suivant la nature des affaires, à faire partie des sections, sur la désignation du mi-

Chaque section délibérerait sur les affaires concernant les pays qu'elle représenterait. Mais alors, pourquoi établir à Paris ces organes administratifs et politiques, au lieu de les placer aux chef-lieux des régions dont ils auraient à s'occuper?...

De quelque façon qu'on se retourne, il faudra bien en revenir aux principes du droit. Qu'est la loi? — La loi est l'expression de la volonté générale de ceux qui y doivent être soumis. Rien n'est donc plus absurde que la représentation coloniale dans nos Chambres, puisque nos lois, nos impôts ne peuvent être appliqués aux colonies. Mais, d'un autre côté, rien n'est si injuste que de soumettre les colons à des lois qu'ils n'ont pas consenties, qui n'apaisent ni les besoins ni les revendications, et qui n'ont abouti qu'à donner le spectacle de colonies qui languissent et d'un vaste empire qui se meurt.

L'autonomie a fait la grandeur des colonies britanniques. Elles ont appris à ne compter que sur elles-mêmes; elles ont fait des lois qui répondaient à leurs besoins; elles se sont développées en force, en richesse et en population : aujourd'hui, ce sont des Etats qui prennent leur place dans le monde.

Pour le bien de nos colonies, malgré les aspirations de quelques-unes, malgré les vœux hautement expri-

nistre des colonies, président du Conseil supérieur, lequel saisit chaque section des questions à examiner, ou à son choix, le Conseil tout entier. — Voir Ed. Petit, *Organisation des colonies françaises et pays de protectorat*, t. I, p. 177.

més par leurs représentants (1), mieux vaudrait donc l'autonomie. Mieux vaudraient ces groupes autonomes préconisés par M. de Lanessan (2) :

Ici, l'Afrique du Nord (Algérie et Tunisie) ;

Puis, l'Afrique de l'Ouest (Sénégal, Guinée, Dahomey) ;

Là, l'Afrique du Centre (Gabon, Congo, Oubanghi) ;

Puis, l'Afrique Orientale (Obock, la Réunion, Mayotte, les Comores, Madagascar) ;

Plus loin, l'Inde et l'Indo-Chine ;

Puis, les Etablissements de l'Océanie ;

Enfin, l'Amérique française (Saint-Pierre et Miquelon, Antilles, Guyane) ;

Chaque groupe ayant son administration propre, son armée, sa marine, ses lois, son gouvernement.

Mais il est une loi naturelle qui domine toutes les lois politiques : c'est la loi du plus fort Des Etats gigantesques menacent d'absorber le monde. D'autres Etats, nés d'hier ou plus anciens, tendent aussi à devenir des Etats géants. Ces mots « panslavisme », « pangermanisme », « panbritannisme » ne sont pas seulement des formules, ce sont des buts vers lesquels des peuples fortement organisés marchent sans trêve. Devant ces empires formidables, il faut dresser aussi un Empire formidable. A ces forces qui menacent, il faut opposer une force qui contienne. La force n'est pas près de dispa-

(1) M. Isaac, *Constitutions et sénatus-consultes.*
(2) De Lannessan, *L'Expansion coloniale de la France.*

raître des destinées humaines. Seule, une fédération peut donner cette force et ramener le calme dans nos colonies, que ruinent les luttes intestines entre les indigènes, les colons et les administrateurs. Un Parlement fédéral dominant, pour les défendre, tout un ensemble de Parlements locaux, tel est le but qu'il faut atteindre, pour faire, malgré des éléments divers, une nation compacte et nettement caractérisée.

Ce but peut paraître chimérique.

« Un peuple de race supérieure ne doit pas chercher à amener à lui un peuple de race inférieure : il a tout à y perdre et rien à y gagner ». Telle est l'opinion de beaucoup de savants (1). D'où cette théorie tout au moins singulière : Un pays producteur ne doit voir que des débouchés à son commerce dans les colonies africaines et asiatiques dont la population indigène est trop dense ou le climat trop malsain pour lui permettre d'y établir ses émigrants. La haine ou l'amitié des peuples qu'il a vaincus doivent être pour lui choses indifférentes. Pas d'écoles où l'on enseignerait à parler sa langue et à comprendre ses institutions. Ces écoles ne peuvent pas donner une juste notion de nos idées modernes à ces peuples dont les cerveaux sont encombrés des préjugés et des erreurs que les siècles ont accumulés. Vouloir un rapprochement entre une race supérieure et une race inférieure, c'est une absurdité, car un tel rapprochement est impossible.

(1) Gustave Le Bon, « L'Inde moderne; comment on fonde une colonie, comment on la conserve et comment on la perd », *Revue scientifique*, 1886, t. II, p. 649.

S'il en était ainsi, il serait inutile de parler d'union. La matraque serait le meilleur moyen d'administrer, et la façon dont l'Espagne a gouverné Cuba pourrait être citée comme un modèle de colonisation.

CHAPITRE III

LES PEUPLES ET LES RACES DANS LA FÉDÉRATION

Tout d'abord, il s'agit de s'entendre sur ces mots : « race supérieure », « race inférieure ».

Une race supérieure, est-ce une race qui a beaucoup produit dans la littérature, dans les sciences, dans les arts ?... Nous risquons alors de rencontrer une race affaiblie par les excès de civilisation, décadente, vieillie, prête à succomber.

Une race inférieure, est-ce une race qui a vécu comme vit un enfant, pour le plaisir de vivre, sans préoccupations intellectuelles, tout entière à la chasse, à ses champs ou à ses troupeaux ?... Nous risquons alors de rencontrer une race jeune qu'une circonstance fortuite peut pousser dans la voie du progrès où bientôt elle dépassera les races qui l'y ont précédée.

Pour les Grecs, qu'étaient les autres peuples ? — Des barbares.

Pour les Romains, qu'étaient les Gaulois ? — Des sauvages, hirsutes et farouches, hideux dans leur jovialité même (1).

Aujourd'hui, la question se précise (2). D'après

(1) Voir Michelet, *Histoire de France*, t. I, prise de Rome par les Gaulois.

(2) Voir Emile Barbé, « Les Blancs et les Jaunes », *Revue scientifique*, 1893, t. II, p. 513; duc de Noailles, « Le Cente-

quelques savants, le fait d'avoir des besoins réduits emporte un degré inférieur d'évolution. Les races supérieures sont les races européennes, races compliquées mais audacieuses, races admirables, sources de toute civilisation, mères de toute culture transcendante et des beaux-arts. Pressées par les besoins qui les tourmentent, elles se sont élancées à la conquête du monde. Pas de progrès sans elles.

Et en vertu de ce principe, que le progrès est en elles et qu'en dehors d'elles il n'y a point de salut, les individus qui composent ces races ont entrepris contre toutes les autres une guerre d'extermination. Les Peaux-Rouges ont à peu près disparu. Les Nègres se voient menacés d'une guerre sociale dans les Etats du Sud de l'Union Américaine. Les Chinois se sont vus massacrer dans les mines du Far-West, et des mesures législatives ont été prises pour empêcher leur immigration en Australie et dans les Etats-Unis de l'Amérique du Nord.

Au fond de tout cela, il y a plus qu'une question de race. C'est la lutte qui s'est engagée entre les appétits larges et les natures sobres, sans distinction de blancs, noirs ou jaunes, lutte dont la vie est l'enjeu, qui s'est fait vive et qui devient terrible entre les travailleurs dont la main-d'œuvre est bon marché et ceux dont la main-d'œuvre est chère.

Déjà, dans l'Amérique du Nord, ne cherche-t-on pas à arrêter le courant de l'immigration européenne ?...

naire d'une Constitution », *Revue des Deux-Mondes*, 1889, t. I, p. 852.

Là, plus que partout, la fraternité sociale n'est qu'un mot (1), et si dans l'Amérique du Sud, on fait de brillantes promesses à ceux des Européens pauvres qui veulent s'expatrier, n'est-ce pas pour les traiter comme des esclaves, jusqu'au jour où ils peuvent enfin s'unir pour se défendre ou tout au moins revenir chez eux ?...

Partout et toujours, quand il s'est agi d'exploiter une catégorie de pauvres êtres, trop malheureux pour se grouper, trop faibles pour élever la voix, les puissants et les riches les ont bien accueillis, pour leur assigner comme domaine exclusif les infimes besognes de la vie sociale et pour se réserver les ouvrages esthétiques ou lucratifs.

Le jour où ces parias deviennent une force et revendiquent des droits, alors commence contre eux une ère de persécution.

Races supérieures, races inférieures, autant de mots. Le progrès n'est pas confiné dans telle ou telle race ; il est dans le cerveau de ceux qui luttent et qui pensent.

« En dix ans », nous dit-on (2), « on donnera aisément à un nègre ou à un Japonais l'instruction d'un Anglais bien élevé. Pour en faire un véritable anglais, c'est-à-dire un homme agissant comme un Anglais dans

(1) « On se fait, en France, l'idée la plus fausse qu'il soit possible de la grande République américaine. Nul pays ne pratique moins la fraternité sociale ». Emile Barbé, *Les Blancs et les Jaunes*, p. 519. « Les Américains proclament la fraternité humaine en général, mais, en particulier, ils se réservent le choix des frères », duc de Noailles, *op. cit.*, p. 858.

(2) Gustave Le Bon, « Rôle du caractère dans la vie des peuples », *Revue scientifique*, 1893, t. II, p. 33.

les diverses circonstances de la vie où il sera placé, mille ans suffiraient à peine ».

Quel est donc l'homme, même s'il n'est pas nègre et s'il n'est pas Japonais, mais tout simplement s'il est né sous un autre climat et dans un autre milieu, qui, en dix ans, en vingt ans, en trente ans, deviendra un Français ou un Anglais véritable et agira comme un Français ou un Anglais dans les diverses circonstances de la vie?...

Avant de porter un jugement quelconque, il convient d'observer l'évolution qui se fait ou s'achève chez les principaux peuples de l'Extrême-Orient.

Dans l'Inde, l'élément indigène parvient à chasser partout l'élément européen (1). D'abord, il est employé comme ouvrier, comme auxiliaire dans les usines et les comptoirs. Peu à peu, avec l'instruction qu'il acquiert chaque jour, son activité se développe, son intelligence se plie aux façons de faire de la vie européenne; il entrevoit quelles seraient ses chances de succès dans une lutte économique contre les fabricants d'Europe; il devient ingénieur, directeur de manufacture. Bientôt le capital lui-même tend à passer entre ses mains. De nouvelles maisons se fondent où l'indigène veut, par lui-même et par ses propres moyens, combattre l'industrie européenne, non-seulement sur les marchés de

(1) De Lanessan, *L'Indo-Chine française*, Introduction, p. 23. Emile Barbé, « L'Inde contemporaine », *Revue scientifique*, 1893, t. II, p. 139.

l'Inde, mais encore sur les autres marchés de l'Extrême-Orient...

L'industrie anglaise a toute raison de s'inquiéter. Non-seulement les industriels de l'Inde se syndiquent pour constituer des sociétés d'exportation, mais encore ils réclament des droits protecteurs contre les marchandises de fabrication étrangère et anglaise. L'Inde veut vivre par elle-même (1). Si elle ne veut plus de produits étrangers, de même elle tend de plus en plus à repousser les fonctionnaires que l'Angleterre lui impose (2). Il est facile de dire que l'Indien est de race inférieure, qu'il faut traiter avec mépris tous ces « Babous » prétentieux. Qu'on ne s'y trompe pas. L'Indien instruit s affirme chaque jour davantage. A Cambridge, à Oxford, on lui confère les plus hauts grades. Si, dans l'Inde, on l'humilie, n'est-il pas naturel qu'il se cabre et se révolte ?... On a élargi ses horizons, et l'on ne veut pas qu'il regarde au-delà de celui qu'on voudrait lui assigner.... On lui a appris à connaître l'indépendance et le respect de lui-même, et les fonctionnaires de l'Inde ne peuvent tolérer qu'il les affirme. Ces fonctionnaires seront éliminés à leur tour. Mille raisons d'économie se joindront au vœu national qui a pris pour formule : « L'Inde aux Indiens ». On a fait un crime à un journaliste indigène d'avoir fait connaître la constitution du Canada et d'avoir exprimé le vœu qu'un jour

(1) Voir l'interview de M. d'Estournelles paru dans *l'Eclair* du 17 janvier 1898.

(2) De Lanessan, *L'Indo-Chine française*, Introduction, p. 24.

son pays ressemble à cette florissante colonie. Petit moyen. Un même sentiment, l'aversion pour l'Anglais, s'étend sur toute l'Inde et réunit dans un même faisceau les aspirations vers l'indépendance des divers peuples de l'Hindoustan. Mal défini tout d'abord, ce sentiment se précise : former une nation malgré des éléments divers, tel est le but, et les congrès nationaux qui se succèdent prouvent que le terme arrive de l'évolution politique de la nation hindoue. Les délégués des diverses provinces, élus par leurs compatriotes, se réunissent tous les ans tantôt dans une ville, tantôt dans une autre. Bombay, Calcutta, Madras, Allahabad, Madras encore ont été tour à tour les sièges du congrès. En 1885, il n'y avait que 78 délégués; en 1887, ils étaient 700 pour traiter les questions qui intéressent l'Inde entière et former le cahier des revendications de leur race contre la domination de l'étranger (1).

Vers l'Océan Pacifique, une race, la race jaune, supérieurement douée pour l'acclimatement et le commerce, élimine sans bruit toutes les autres races. Annamites, Chinois, Japonais finiront toujours par repousser une invasion étrangère, non pas tant par leurs armes que par le travail qu'ils offrent à bon marché (2).

Les Annamites sont surtout agriculteurs. Non moins vaillants que les Chinois d'où ils descendent, toujours

(1) Daniel Bellet, « Le mouvement indigène et les Congrès nationaux dans l'Inde », *Revue scientifique*, 1891, t. II, p. 177.

(2) M. Paul d'Estournelles de Constant « Péril prochain » et « Concurrence et chômage », *Revue des Deux-Mondes*, 1er avril 1896 et 15 juillet 1897.

courbés sur leurs rizières, doux commes les buffles qui les aident dans leur besogne, impassibles devant la mort, inébranlables dans les tortures, vêtus de noir comme s'ils portaient le deuil de leur ancienne patrie, en général ils ne sont pas égoïstes, ils ne sont pas intéressés, ils sont bons, ils sont rieurs, causeurs et satiriques, lettrés, polis, un peu efféminés, avec leur face glabre et leurs longs cheveux relevés en chignon dans les deux sexes, n'ayant d'autre culte que celui des ancêtres et se distinguant de tous les peuples de la terre par l'absence de prêtres et de religion officielle (1). Les ouvriers sont peu robustes ; mais ils sont laborieux, patients, dociles et adroits. Leurs commerçants lutteront toujours avec avantage contre les commerçants étrangers. Des adjudications publiques du Tonkin, on a bien écarté les entrepreneurs chinois ; mais les Annamites prennent leur place, et peu à peu, grâce aux rabais considérables qu'ils peuvent consentir, ils élimineront tous les entrepreneurs français. Le résultat est fatal. Pour le petit nombre d'Européens qui vont dans l'Annam, en Cochinchine ou au Tonkin, fonder des usines ou vendre des machines, c'est la fortune sans doute, car ces usines peuplées d'ouvriers qui se disputent des salaires inimaginables : sept, huit, dix sous par jour, leur donneront des produits qu'ils pourront vendre à la place des produits européens, à vil prix et cependant avec bénéfice. L'évolution qui s'est faite dans l'Inde se fera aussi dans l'Indo-Chine. Les Annamites

(1) De Lanessan, « L'Empire d'Annam », *Revue scientifique*, 1899, ainsi que l'*Indo-Chine française*, p. 37.

ont trop vécu sous un régime de liberté, d'égalité et de propriété pour ne pas triompher de toutes les mesures qui chercheraient à les arrêter dans leur développement. Ils ne sont pas d'une race inférieure, et l'on se tromperait étrangement si l'on pensait les soumettre à un régime despotique. On pourra en faire de bons citoyens, mais des esclaves qu'on fait lever, manger, travailler, coucher à heures fixes, jamais (1).

Aussi sobres, aussi laborieux que les Annamites, mais beaucoup plus actifs, les Chinois envahissent tous les pays de l'Extrême-Orient. Des infimes besognes qu'on voulait leur assigner, ils se sont élevés jusqu'aux plus hautes spéculations de la finance et du négoce. Dans tous les ports de la Chine, les banques chinoises sont des plus importantes. Des compagnies chinoises de navigation à vapeur commencent à faire une concurrence sérieuse aux plus puissantes compagnies européennes. A Hong-Kong, en Cochinchine, à Shang-Haï, les Chinois détiennent presque tout le commerce du riz, du thé, de la soie. Rien ne les effraie. Leur intelligence et leur activité font vite leur profit des progrès de la civilisation moderne (2).

Le Céleste Empire est cependant dans une stagnation

(1) Silvestre (G.), *L'Empire d'Annam et le peuple annamite*, p. 149.

(2) Voir sur tout cela : de Lanessan, *l'Indo-Chine française*, p. 28 et suiv.; Emile Barbé, « Les Blancs et les Jaunes », *Revue scientifique*. 1893, t. II; Paul d'Estournelles de Constant, *op. cit.*; Henri Brenier, « Rapport général de la mission lyonnaise », *Questions diplomatiques et coloniales*, t. II, 1897, p. 610.

déplorable... L'activité de ses ports ne doit pas donner l'illusion d'un Etat puissant et prospère (1).

Encore aujourd'hui, « la politique est à peu près inconnue à la majorité des Chinois. L'empereur est si loin, les gouverneurs des provinces sont si confinés dans leurs palais que le peuple en sait à peine les noms. Le gouvernement du pays ne lui est connu que par le juge auquel il doit, de temps à autre, le fouet ou la prison, et l'agent fiscal qui le dépouille dans la mesure du possible et sous toutes les formes. Aussi, émigre-t-il volontiers vers les régions où la civilisation européenne a introduit des procédés de justice plus doux et moins sommaires, et des habitudes fiscales moins arbitraires sinon plus généreuses (2) ». On ne peut préciser quand ce vaste pays sortira de cette phase que l'Europe a bien connue, où des privilégiés de la fortune et de la naissance maintiennent le peuple dans l'ignorance la plus profonde, dans les croyances les plus grossières, et sous le despotisme le plus étroit. On peut rire de ses navires, de ses canons et de ses fusils. On peut gronder autour du colosse, crier, menacer, chercher quel point paraît le plus vulnérable et quelles parties l'on pourrait dépecer. Mais que sera la fin ?... En Chine comme partout, Jacques Bonhomme a le respect des traditions et la patience des humbles. Il est l'enclume. Que fera-t-il quand il sera marteau ?... Sait-il quelle arme terrible est sa sobriété dans la concurrence qui partage les na-

(1) Henri Brenier, *l'Illusion jaune*.
(2) De Lanessan, *l'Indo-Chine française*, p. 30.

tions?... A-t-il pu calculer quelle serait sa force, au point de vue économique, s'il donnait le concours de la toute-puissance des machines à l'intelligente activité de ses trois cents millions d'individus ?... Avant d'entamer la lutte industrielle, remarque-t-il peu à peu que sa terre est si vaste qu'elle jouit de tous les climats, si féconde qu'elle peut produire toutes les matières premières réclamées par l'industrie, si riche qu'elle renferme dans son sein la plupart des métaux à côté de gisements houillers considérables, si fertile que sa population pourra sans peine être doublée quand un réseau complet de voies de communication permettra la mise en culture des régions profondes de l'empire?... S'est-il déjà trouvé un homme politique assez éloquent pour entraîner ces masses, assez audacieux pour asseoir ses doctrines sur les Droits de l'homme et faire entendre dans le Céleste Empire le cri de révolte qui fit choir des trônes en renversant de vieux régimes dans la marche en avant de l'humanité?...

Le Japon a mieux compris son rôle. Tout d'abord, il a voulu se protéger, s'affirmer dans le monde ; et pour cela, il s'est donné une excellente flotte et une bonne armée. Puis, quand il s'est vu bien gardé par ses forts, par ses canons, par ses soldats, quand il n'a plus eu la crainte de se voir envahi par la Chine ou par l'Europe, alors il s'est mis à lutter contre ses adversaires au moyen de ses ouvriers. Il a appelé des ingénieurs allemands, des constructeurs anglais, des savants français, des techniciens américains ; il a conformé ses lois suivant le but qu'il voulait atteindre ; l'instruction s'est développée; un vaisseau-école a promené, promène encore ses élèves à travers le monde : de cette Ecole ne sortiront pas des officiers pour la marine de guerre, mais de simples négociants. Pour mieux s'instruire, ils voyagent, vendent des pacotilles, s'enquièrent des besoins des divers pays qu'ils visitent; puis, rentrés chez eux, ils activent le travail des usines, et, commerçants mûris, repartent encore pour répandre partout leurs produits nouveaux (1). Il en résulte que les mines sont aujourd'hui en pleine exploitation ; des chemins de fer ont été établis ; de belles routes contribuent avec ces lignes ferrées à relier entre eux les principaux centres ; les villes s'entourent d'une ceinture d'usines aux sveltes cheminées. On n'y emploie que du charbon japonais ; les mines de cuivre fournissent une importante quantité de minerai dont on extrait sur place le métal. Allumettes, draps, cotonnades, tous produits fabriqués au Japon se répandent dans tout l'Orient. Les soieries japonaises, faites suivant nos goûts, luttent sur les marchés avec les soieries européennes. A l'exposition de Tokio, on vendait l'article de Paris, le lait suisse, la malle anglaise, la montre américaine, que sais-je encore ?... Des paquebots japonais (2) viennent jusque chez nous, jusqu'en Angleterre ; leur équipage est japonais,

(1) Voir M. Paul d'Estournelles, « Concurrence et chômage », *Revue des Deux-Mondes*, 1897, p. 421.

(2) C'est la Nippon Yusen Kaisha, puissante Compagnie maritime du Japon, qui a créé, en janvier 1897, une ligne directe de paquebots entre le Japon et l'Angleterre.

comme leur charbon, comme leur chargement. Et qu'on ne dise pas que les produits japonais sont tous inférieurs ; d'ailleurs ils ne tardent pas à se perfectionner. Déjà le Japon a obtenu des récompenses à l'exposition de Chicago, pour la fabrication de ses imitations d'articles européens : la brosserie de Beauvais, par exemple.

Dans son livre *l'Indo-Chine française* (1), M. de Lanessan estime que les Japonais sont bien loin de mériter la réputation dont ils jouissent généralement. Il critique d'ailleurs le gouvernement japonais (2), de dépenser en armements militaires et maritimes, en constructions de forts, en achats de canons, de fusils, de navires cuirassés, des sommes énormes qui seraient beaucoup mieux placées dans la construction de ponts, de routes et de chemins de fer, d'où résulterait une augmentation rapide de la richesse du pays. Loin d'approuver ces critiques, je loue fort, au contraire, ce gouvernement assez sage pour ne point s'illusionner, assez clairvoyant pour avoir deviné le besoin d'expansion de la vieille Europe qui étouffe et cherche à s'étendre, qui veut vivre et ne s'arrête plus à des scrupules, qui sait comprendre la grande loi naturelle de la lutte pour la vie, et pousse au loin, quand il le faut, ses navires de guerre, ses canons, ses soldats, ses missionnaires et ses marchands; qui serait heureuse de se voir à la tête du monde, dominant les autres parties qu'elle unirait à elle par des contrats léonins, de nouveaux pactes co-

(1) P. 38.
(2) P. 40.

loniaux. En entourant le pays de forts et de canons, le gouvernement japonais a montré plus de maturité que beaucoup d'autres gouvernements : il a voulu que le Japon soit quelqu'un et non pas quelque chose.

De même à Madagascar, les Hovas ont essayé de transformer leur pays sous l'influence des inventions modernes (1). Il y a cent ans, toute l'île, même la région des plateaux, même l'Imérina, était divisée en une foule de petits royaumes opposés les uns aux autres. Chaque village était une forteresse entourée d'un fossé profond. Dans sa cabane, le roi Andrianampoinimerina avait dit un jour : « La mer sera la limite de ma rizière ». Et l'Océan était devenu en effet la limite de son royaume. Il avait soumis à son autorité les diverses tribus de la race hova. Ses successeurs imposèrent leur domination aux différentes peuplades de l'île. Perchée sur ses collines, Tananarive devint la grande ville avec ses deux palais, ses innombrables églises, au-dessus d'une rizière immense.

Car les Hovas sont intelligents, sobres, audacieux, relativement instruits. Ils possèdent le sentiment de leur valeur personnelle. Ils savent commander. « Si vous

(1) Voir : Jean Carol, *Au Pays rouge;* Le Myre de Vilers, « Chez les Hovas, au Pays rouge, par Jean Carol », *Nouvelle revue*, 15 juillet 1898, p. 234; Pierre Mille, « Les Hovas et l'insurrection de Madagascar », *Revue bleue*, 1897, 1er semestre, p. 172; Humbert, *Madagascar*, l'île et ses habitants; Emile Gautier, « Madagascar et son avenir », *Revue scientifique*, 1895, t. I, p. 431.

aviez attendu cinquante ans », disait l'un d'eux à M. Pierre Mille, « nous aurions fait ce que les Japonais ont pu réaliser » (1).

Voilà donc quelles races seraient inférieures, au dire de quelques savants!

Non, les races n'ont pas entre elles des différences morales tellement accentuées. Les hommes seuls diffèrent. Toussaint-Louverture, quoique noir, valait bien les généraux blancs envoyés pour le combattre. Le président Juarez mérite bien le culte que les Mexicains lui ont gardé. Abd-el-Kader est une noble et belle figure.

Nous comprendrons davantage le génie des races africaines ou asiatiques, en étudiant les institutions politiques des principaux peuples soumis à notre autorité.

Pour peu que l'on examine l'organisation administrative du royaume d'Annam, l'on demeure étonné d'y voir l'absolutisme du roi reposer sur des institutions essentiellement démocratiques.

La famille y est la cellule constitutive du corps social. Les communes sont formées de familles et forment les cantons.

Comme autrefois, dans l'ancienne Rome, le chef de la famille est tout ensemble administrateur, prêtre et juge; car, de même que dans la Rome antique, les lois

(1) Pierre Mille, *op. cit.*, p. 176.

découlent de la religion, et la religion c'est le culte des ancêtres (1). Tout Romain se préoccupait de laisser après lui un héritier pour ne pas que son âme fût errante, loin de toute famille et loin de tout foyer. Tout Annamite veut aussi qu'à sa mort, un enfant mâle lui rende les honneurs qui sont dûs aux ancêtres aux époques fixées.

Le chef de la famille, prêtre de ce culte, administre ses biens comme il veut et juge les affaires litigieuses entre les parents qui relèvent de son autorité. Cette autorité est presque absolue : il a droit de vie et de mort sur un enfant insubordonné.

Le Droit annamite dédaigne l'individu ; il s'inquiète de la famille et de la commune, afin de maintenir l'obéissance au roi ; car le roi, c'est le chef de cette grande famille qui constitue la nation, « le grand-prêtre du culte, le lettré des lettrés, l'infaillible, dont les actes ne doivent pas plus être discutés par ses sujets que les enfants n'ont le droit de discuter ceux de leur père (2) ».

Et c'est pour maintenir les mœurs du pays dans cet état que le Conseil secret (Ko-Mat) exerce son contrôle sur tous les fonctionnaires du royaume et sur le roi lui-même. Chose déjà remarquable, les fonctions sont données au concours : tout Annamite peut aspirer aux emplois (3). Mais, sur tout le réseau de fonctionnaires

(1) Fustel de Coulanges, *la Cité antique*.
(2) De Lanessan, *l'Indo-Chine française*, p. 214.
(3) Silvestre (J.), *l'Empire d'Annam et le peuple annamite*, p. 148.

qui part du roi pour enserrer tout le pays, le Conseil secret veille. Ministres assistés chacun de Conseillers sans l'aide desquels ils ne peuvent prendre aucune décision ni signer aucun acte, Gouverneurs des provinces aidés dans leur tâche par trois chefs de service : le lieutenant administratif, le lieutenant criminel et le commandant militaire, enfin assistants et sous-assistants gouverneurs dans les principaux centres, tous n'agissent que dans les étroites limites que leur laisse le Conseil secret pour établir les impôts, assurer le recrutement et l'entretien des troupes, répandre l'instruction, faire des routes, ponts et canaux, veiller à l'observation des rites, juger les crimes et les appels des affaires civiles, défendre le territoire.

Telles sont, en effet, les attributions du pouvoir central.

Police, répartition et perception des impôts, gestion des biens communaux, direction des travaux d'intérêt local, instruction de toutes les affaires judiciaires tant au civil qu'au criminel, reddition de la justice en conciliation et en première instance, répartition des charges militaires, inscription et conservation des actes entre particuliers, tout cela rentre dans les attributions des administrateurs que les communes se donnent.

Seuls peuvent être administrateurs ceux qui sont inscrits sur les rôles de la contribution foncière ou de la cote personnelle, c'est-à-dire les propriétaires et les artisans. Ces administrateurs sont dits notables majeurs ou mineurs, suivant qu'ils remplissent des fonctions supérieures ou des fonctions secondaires. Ils constituent le conseil de la commune. Les notables qui s'en vont nomment les notables qui viendront à leur place; mais les notables majeurs seulement élisent l'agent exécutif de la commune que nous appellerions Maire, si, comme chez nous, il présidait le Conseil local.

Les fonctions de Maire sont très délicates : on les donne toujours au notable de moindre importance; il faut avoir été Maire pendant deux ans au moins pour pouvoir aspirer au titre de Notable majeur (1).

Et maintenant, pour remplir trois rôles :

Pour régler les affaires d'intérêt commun ou diriger les travaux d'intérêt général;

Pour défendre avec plus de force et plus d'autorité les droits du peuple et les libertés communales;

Pour être auprès du pouvoir central les garants de la bonne administration locale et de la prompte exécution des ordres des fonctionnaires royaux;

Les communes voisines, ou plutôt leurs délégations composées chacune du Maire et de deux Notables, élisent un ou plusieurs agents que l'on appelle Chef et sous-chefs de canton, bien que le canton ne soit pas une unité administrative et représente simplement une agglomération d'un nombre variable de villages ayant des intérêts communs.

Si l'on considère que des mœurs aussi démocratiques sont en même temps très sages, qu'elles reposent sur une instruction très répandue, que les écoles primaires sont fréquentées par tous les enfants, sans qu'on ait

(1) Voir Edouard Petit, *Organisation des colonies françaises et pays de protectorat*, p. 314.

eu besoin de les rendre obligatoires, on ne peut que s'affliger de voir combien nos mauvais procédés nous ont aliéné tout d'abord les mandarins, les lettrés, les notables, pendant que les charges financières et militaires indisposent les gens du peuple (1).

Tout autres sont les résultats auxquels est arrivé à Madagascar le général Galliéni, en reprenant les grandes lignes de la vieille organisation malgache pour arriver à la pacification qu'il a poursuivie avec la plus grande fermeté.

Très particulière, cette organisation était des plus curieuses.

Dans chaque village hova, les chefs de famille et de culture formaient une assemblée sous l'autorité d'un chef, espèce de dictateur local, qui était en rapport avec le gouverneur de la province.

Chez les peuples conquis, les anciens rois n'étaient plus que des seigneurs héréditaires sous la suzeraineté de gouverneurs hovas.

Tous ces gouverneurs, assistés d'un ou de deux lieutenants-gouverneurs, étaient comme autant de tentacules du gouvernement central représenté seulement par le roi, jamais par une reine, car le premier ministre, qui de droit l'épousait, prenait aussi de droit le pouvoir absolu. Seul, un secrétariat l'assistait pour

(1) Voir dans *le Temps* du 6 août 1898, une lettre de M. Le Myre de Vilers, *in fine*. « Je désire que la sécurité ne soit pas troublée en Indo-Chine, bien que les Annamites aient été exploités avec une imprudente rigueur ».

l'expédition des affaires. Mais avec des ressources plus grandes et des années de plus, il aurait pu être utilement secondé par les ministres de la guerre, des travaux publics, etc., dont les pouvoirs étaient encore à peu près nuls au moment de notre occupation.

Jusque-là, rois ou premiers ministres s'étaient uniquement préoccupés de consolider leur puissance sur tous les points de l'île. Ils furent admirablement aidés dans cette tâche par une police très forte et très habile, par la responsabilité des villages pour la sécurité sur tout leur territoire, enfin par une organisation d'espionnage mutuel nommée Fokalama.

La police était admirablement faite par des Mozambiques, étrangers au pays et, par suite, aux factions qui le divisaient

Point de révolte, peu de troubles. Dans chaque village, les chefs de famille et de culture étaient collectivement responsables de la sécurité. Les fauteurs de désordres devaient être dénoncés dans les Assemblées de village. Toute localité devait résister aux attaques dont elle était l'objet de la part de bandits ou de révoltés, sinon des châtiments terribles attendaient les notables et toutes leurs familles. C'est pourquoi les villages possédaient un certain nombre d'armes, fusils et zagaies, portant un matricule et dont on connaissait les propriétaires. La plus grande responsabilité pesait sur ces derniers. Une foule d'espions pénétraient partout. Même dans sa famille, le père se sentait observé par sa femme, ses enfants, ses esclaves. Tout le monde se surveillait. La moindre parole imprudente était rapportée au dictateur du village et par suite au gouvernement central. Les gouverneurs de province se savaient espionnés par leurs premiers lieutenants-gouverneurs, que les seconds surveillaient à leur tour.

Sans doute. ces institutions constituaient un régime des plus tyranniques, d'où résultaient fréquemment des confiscations de biens et des condamnations à mort. Dans un pays récemment encore divisé en petites principautés et en petits royaumes indépendants les uns des autres, et fréquemment en lutte, ce régime était nécessaire, quelque grands que pussent en être les inconvénients. On l'a bien vu sous le gouvernement de M. Laroche. Quand la police fut supprimée et que le système du Fokalama fut condamné, tout le monde conspira. Les nobles, et même les parents de la reine, exaltèrent le patriotisme hova, poussèrent à la révolte, armèrent des bandes de pillards ou fahavalos. Et l'on venait de désarmer les villages qui, ne pouvant se défendre, firent cause commune avec les insurgés.

Aussitôt l'arrivée du général Galliéni, tout change. On reprend l'organisation malgache dans ce qu'elle a de nécessaire ou de meilleur. Les fauteurs de désordres sont pris et châtiés. La seule chose que l'on puisse imposer chez un peuple très pauvre, la corvée, cesse d'être arbitraire et devient un impôt parfaitement réglementé. Quelques fusils sont rendus aux bourgades pour se défendre contre les fahavalos, et les villages qui ont pu repousser les attaques sont cités à l'ordre du jour dans le *Journal Officiel* de Madagascar. L'Imérina est vite pacifiée. Les autres provinces se soumettent à leur tour ; les principales routes sont rendues au commerce ; les colons peuvent se mettre à l'œuvre.

De l'autre côté du continent africain, la France s'étend chaque jour davantage, et, d'Obok à Dakar, du Congo à la Méditerranée, veut de plus en plus affirmer sa puissance.

Politiquement, qu'est l'Afrique? — Un regard jeté sur elle fait dire tout de suite : c'est un fourmillement de petits peuples qui se combattent et s'exterminent.

Comme les autres parties du monde, l'Afrique a eu ses invasions. La division du sol en de nombreux Etats résulte de deux causes primordiales : la conquête par les envahisseurs, la résistance opposée par les aborigènes.

Envahisseurs, dans les temps modernes, ce furent principalement les Arabes au Nord, les Fellahs par le Nil et dans le Soudan jusqu'au Sénégal, sous les noms de Peulhs et Toucouleurs ; puis les Maures ou Touaregs à travers le Sahara.

Chaque chef militaire voulut avoir son lot de terres et sa part d'esclaves. D'où, petits peuples asservis et petits clans despotes.

Attaqués, poursuivis, ce furent surtout les Berbères au Nord, les nègres partout. Pour résister, ceux-ci se groupèrent par villages, rarement par tribus, et se donnèrent des roitelets souvent féroces. Chez les faibles, férocité est synonyme de courageuse fermeté. Plus indépendants, les Berbères s'enfuirent dans le désert où ils vivent en nomades, en brigands, si l'on veut, envahisseurs à leur tour ; d'autres se réfugièrent dans les montagnes, et là, sur les plateaux escarpés, ils se bâtirent des villages crénelés, fortifiés : ils se donnèrent des institutions républicaines, remarquables à plus d'un titre.

Et c'est pourquoi, même encore dans le nord de l'Afrique, et surtout au Maroc, avec des caïds à peu près indépendants, tribus arabes et tribus kabyles, toujours en armes, luttent souvent les unes contre les autres. Le Sahara ne compte plus les vols et les massacres qui se font à travers ses espaces immenses. Dans le reste de l'Afrique, les Etats sont comme les dunes de sable dans le désert, leurs limites changent sans cesse ; la guerre y est à l'état normal ; l'esclavage est une institution ; rois, bouffons et sorciers gouvernent les peuples. Telle était l'Europe il y a mille ans (1) : la féodalité regne encore en Afrique, et avec elle, son cortège de maux : guerres, brigandages, incertitude du lendemain, qui brusquement des hommes libres fait des esclaves, tyrannie.

Mais du Nord, une religion venue d'Orient, l'Islam, s'est infiltrée à travers le Sahara et le Soudan, s'empare des grands lacs, dépasse le Congo et veut amener à ses doctrines l'Afrique tout entière. Loin de vouloir enrayer le mouvement, que la France au contraire le laisse s'accomplir. Malgré les missions chrétiennes, c'est l'islamisme que les noirs adoptent (2). Laissons

(1) Voir Elisée Reclus, *l'Afrique occidentale*, p. 223.

(2) Voir : Trivier, *Voyage au continent noir;* Binger, *Esclavage, Islamisme et Christianisme;* A. Le Châtelier, « Les mu-

faire. « L'humanité ne débute jamais par ce qui est simple ; elle traverse toujours la religion pour arriver à la philosophie » (1).

L'Islam, religion positive, pose comme principe l'absolue dépendance de l'homme à Dieu, de la race humaine, si faible, si bornée, à la divinité souveraine, unique, infinie. Le Coran force l'homme à la prière. « La prière est l'anéantissement de l'homme absorbé dans l'essence de Dieu » (2). Et ce livre, qui donne à ses adeptes des lois, des principes d'hygiène, des rudiments de science, les habitue surtout à la discipline, au respect de l'autorité. En n'attaquant pas de front les coutumes locales nées des exigences du climat, telles que l'esclavage et la polygamie, l'Islam attire à lui les races jeunes qu'il conquiert peu à peu par ses prescriptions concrètes, nettes, faciles à saisir. Il a combattu bien des coutumes grossières ; il a fait disparaître l'anthropophagie comme habitude commune (3) ; il a écarté les hommes de cet usage courant de manger les viandes fétides et pourries d'animaux crevés ; il ouvre des écoles partout ; il poursuit en se propageant

sulmans au XIXe siècle », *Revue scientifique*, 1887, t. II, et 1888, t. I ; d'Albéga : *la France au Dahomey ;* « Les Indigènes de l'Afrique occidentale », *Revue scientifique*, 1889, t. II, p 365 ; Yves Guyot, *Lettres sur la politique coloniale*, p. 270.

(1) Cité par Binger, *op. cit.*, p. 33.

(2) Mohammed-ben-Ali-el-Senoussi, cité par A. Le Châtelier. *op. cit.*

(3) Zaborewski, « Les anthropophages actuels », *Revue scientifique*, 1889, t. II, p. 715.

(4) Binger, *op. cit.*, p. 54.

l'abolition de l'esclavage (1); il a quelque peu policé les populations turbulentes de l'Afrique. Comme autrefois, en Europe, l'Eglise romaine imposait aux combattants une trève de Dieu, de même aujourd'hui, en Afrique, des trèves religieuses interrompent l'état de guerre qui règne entre les tribus. De puissants marabouts interviennent, car le Coran s'élève contre les luttes entre musulmans :

« Lorsque deux nations de croyants se font la guerre, cherchez à les réconcilier. Si l'une d'elles a agi avec iniquité envers l'autre, combattez celle qui a agi injustement jusqu'à ce qu'elle revienne aux préceptes de Dieu. Si elle reconnaît ses torts, réconciliez-la avec l'autre, selon la justice. Soyez impartiaux : Dieu aime ceux qui agissent avec impartialité. — Les croyants sont tous frères ; arrangez les différends de vos frères et craignez Dieu, afin qu'il ait pitié de vous » (2).

On a dit : « Partout où nous sommes en contact avec les peuples musulmans, nous venons nous buter à une série d'actes et d'idées qui ne sont pas faits pour établir entre nous et eux un rapprochement définitif. Leur fanatisme les éloigne obstinément de nous. On a mis en doute l'expansion grandissante et menaçante aussi des Snoussis, dont le mot d'ordre est : « Guerre et mort aux chrétiens ». Il faut pourtant se rendre à l'évidence des faits (3) ».

(1) Binger, *op. cit.*, p. 54.
(2) Chap. XLIX, §§ 9 et 10.
(3) Jean Dybowski. « L'influence française dans l'Afrique centrale », *Revue scientifique*, 1893, t. I, p. 131.

Nul aujourd'hui ne le conteste : le monde musulman veut sortir de l'anarchie religieuse et politique dans laquelle il vit depuis des siècles ; s'affirmer nettement à la face des peuples les mieux organisés, qui l'attaquent sans cesse, tel est le but. De là, deux courants dans les idées.

L'un est libéral et se laisse entraîner vers la marche en avant de l'esprit scientifique ;

L'autre est rétrograde et voudrait rétablir la théocratie islamique des premiers âges de l'Hégire (1).

A ce dernier courant appartiennent les Snoussis ou Senoussiya, les Kadyia et toutes les sectes religieuses qui poursuivent en Afrique la fondation de nouveaux empires et la réforme musulmane pour la rénovation de la foi islamique. Amplifiant le rôle d'Abd-el-Kader en Algérie, d'El-Hadji-Omar au Sénégal, trois hommes ont entrepris d'arriver à ce but :

Le Mahdi à Khartoum ;

Mohammed el Senoussi à Djerboub ;

Mouley-Hassan au Maroc.

Seuls, les deux premiers ont paru réussir : le sultan du Maroc ne put jamais imposer ses volontés à ses tribus semi-indépendantes, chez lesquelles quelques marabouts vénérés et les grands maîtres des confréries religieuses ont toute autorité (2).

Mais, de l'Est à l'Ouest, l'immense région acquise à la réforme mahdiste s'étendit de l'Abyssinie à l'Ouadaï,

(1) A. Le Châtelier, *op. cit.*

(2) Voir Edouard Cat, « L'Islam et les confréries du Maroc », *Revue des Deux-Mondes,* 15 septembre 1898, p. 375.

et si les forces venues d'Égypte commençaient de l'entamer au nord, l'on ne savait quelles limites lui donner au sud, où la mort d'Émin-Pacha, dans le Wadelaï, avait été la fin de toute résistance. Les grands empires africains paraissent suivre cette loi, que, nés avec un homme, ils meurent avec lui. Le Mahdi mort, son empire a fini par succomber.

Mieux organisé que le califat de Khartoum, l'imamat de Djerboub n'a cessé de s'étendre et d'accroître la puissance des Senoussiya, matériellement au Sahara, moralement à La Mecque ; il obéit à cette loi que les unités sociales se groupent en unités toujours plus grandes ; ses rouages fonctionnent comme de véritables ministères ; et s'il a pris pour tâche de pacifier le désert, de rendre à ses routes la sécurité nécessaire au commerce, il ne s'impose pas, recherche seulement le rôle de médiateur, dès qu'il s'agit de lutter contre tout désordre, sous quelque forme que ce soit. Au point de vue politique, l'imamat de Djerboub n'est qu'une confédération non définie.

Certes, contre cette puissance des Senoussiya, puissance théocratique, qui se fortifie sans cesse entre nos possessions de l'Algérie et du Congo, qui englobe dans sa haine les Turcs et les chrétiens, dont l'élan primordial fut la révolte contre les désordres des mœurs, conséquences de l'immixtion des peuples européens dans les affaires des pays musulmans, certes, la lutte sera vive (1).

(1) Vignon (L.), *La France dans l'Afrique du Nord*, p. 218 et suiv.

Mais sans aller jusqu'au Sahara, ne s'est-il pas trouvé, même en Europe, des sectes ou partis pour s'opposer à tout progrès? — Ces sectes ont disparu ; en Orient, elles disparaissent. — L'esprit moderne, en poussant ses inventions puissantes, renverse tout ce qui le gêne, ou entraîne tout avec lui.

De ce que les Senoussiya n'ont vu de la civilisation européenne que les défauts pris par les peuples jeunes, c'est-à-dire l'abus du tabac, des boissons fermentées, des plaisirs malsains ; de ce qu'ils ont voulu enrayer la débauche des mœurs par le retour aux vieilles idées patriarcales sous le contrôle de leurs prêtres ; de ce qu'ils ont cru voir une relation intime entre nos excès et les inventions de nos savants, si bien qu'ils ont tout proscrit, faut-il conclure que l'Islamisme s'oppose à tout progrès? faut-il nier le courant libéral qui amène vers nous les nouvelles générations de la Turquie et de l'Égypte?

On objectera sans doute l'hostilité que nous montrent, en Algérie, les Arabes et les Kabyles.

Je n'ose m'appuyer sur la politique administrative qu'on a suivie dans ce pays (1). Toute conquête oblige à des nécessités énergiques, je le sais. Mais le régime de la force n'implique pas nécessairement la violence, les vexations et la tyrannie. A Madagascar, à Tunis, on paraît avoir moins oublié les droits des peuples et ceux de l'individu.

(1) Voir Vignon (L.), *La France dans l'Afrique du Nord*, p. 222.

Je ne retiendrai cependant qu'un fait.

Sur les sommets de l'Atlas, dans le massif du Djurjura, vivait un peuple.

Un jour, à la tête d'une armée, un général lui dit : « Tout le pays, autrefois gouverné par Abd-el-Kader, est maintenant soumis à la France. De tant de tribus, vous êtes les seuls qui ne soyez pas venus à nous. Plus d'une fois, je vous ai dit : soumettez-vous, car vous obéissiez au vaincu, vous devez obéir au vainqueur. Vous me trouverez dans mon camp sur l'Isser. Soumettez-vous à la France. Il ne vous sera fait aucun mal. Dans le cas contraire, j'entrerai dans vos montagnes, je brûlerai vos villages et vos moissons, et alors, ne vous en prenez qu'à vous seuls (1) ».

Ce peuple répondit :

« Lorsque la guerre était active entre vous et El-Hadji Abd-el-Kader, vous nous écriviez dans ces termes : Gardez la neutralité et il ne vous arrivera aucun mal de notre part. Forts de ces promesses, nous avons gardé la neutralité. L'année dernière, vous nous avez écrit en d'autres termes. Cette année, vous nous avez renouvelé vos lettres, nous ordonnant d'aller vous trouver, de vous servir, nous menaçant, à défaut, de marcher contre nous, de brûler nos demeures, de couper nos arbres. Nous ne donnerons rien ; nous ne recevrons aucune investiture ; nous ne l'avons jamais fait. En notre qualité de Kabyles, nous ne reconnaissons pour

(1) Manifeste du maréchal Bugeaud aux Kabyles. Voir Paul Gaffarel, *L'Algérie*.

chefs que des Kabyles comme nous, et pour arbitre souverain, nous avons Dieu qui punit l'injuste. »

Comme il l'avait dit, le général précipita ses soldats à travers les montagnes. Les villages furent détruits, les moissons furent brûlées, les Kabyles furent battus. Mais l'insurrection couva sous les cendres et dans les ruines. Pendant près de trente ans, ce furent révoltes sur révoltes. Toujours vaincus, jamais soumis.

On n'attaque pas impunément l'indépendance et les institutions nationales d'un peuple, quand ces institutions sont démocratiques et républicaines. Il a suffi de rendre aux Kabyles leur djemmaâ et leurs amines pour ramener le calme dans leur pays.

Que sont ces institutions ?

Les Djemmaâ kabyles sont des assemblées de village comparables aux Landsgemeinden helvétiques. Pays de montagnes comme la Suisse, la Kabylie, en effet, offre plus d'une analogie avec cette contrée. Les Djemmaâ se tiennent, à certaines époques, en plein air, sur la montagne ou dans un champ. En font partie de droit, tous les individus mâles et majeurs. Dans l'Assemblée, réside tout le pouvoir. La Djemmaâ légifère, gouverne, administre et juge ; quelquefois, elle exécute elle-même ses propres jugements. En général, elle délègue ses pouvoirs à un chef, appelé amine, qu'elle élisait autrefois, que nous nommons aujourd'hui.

Le village kabyle est plus qu'une unité politique ; c'est surtout une unité sociale, et c'est pourquoi les Kabyles ont été accusés de communisme. Nulle part, peut-être, les exigences de la communauté à l'égard des riches et des forts ne sont aussi grandes. Les riches se doivent aux pauvres ; les forts se doivent aux faibles. Si une maison est incendiée, tous les membres du village contribuent à la rebâtir. Si un ami, un voisin, un simple passant se trouve dans la nécessité, il est nombre de cas où, sous peine d'amende, l'on est tenu de lui prêter secours. L'hospitalité est considérée comme un devoir impérieux qui pèse à la fois sur les individus et sur tout le village. Durant le terrible hiver de 1867 à 1868, personne ne mourut de faim en Kabylie. Un pareil fait compense bien des abus. De telles mœurs valent bien un éloge.

Quelle que soit l'opinion que l'on se fasse de l'avenir des colonies, il faut reconnaître que les peuples soumis à notre autorité sont susceptibles de développement, et que leurs institutions sont remarquables à plus d'un titre.

La centralisation excessive à laquelle succombent toutes nos possessions, nous commande impérieusement de desserrer les liens pour tout ce qui concerne les intérêts locaux et les coutumes locales ; mais d'unir fortement toutes les volontés pour tout ce qui a trait à la défense commune.

Les indigènes instruits doivent prendre une part, la plus grande possible, dans la discussion des affaires publiques. Les institutions démocratiques doivent se développer aux colonies comme en France, car la démocratie est la plus grande force des Etats. A tous les régimes elle s'impose, dès que les populations sont assez éclairées pour connaître leurs droits et juger leurs devoirs.

Qu'on ouvre des écoles et qu'on laisse le peuple en France, en Afrique, partout où nous sommes, poursuivre graduellement son évolution sans s'écarter de cette idée que pour être fort, il ne faut faire qu'un dans le monde. Chaque colonie se développera suivant son milieu, sa position et les exigences du climat. Il se formera tout un essaim de petites nationalités autour de la grande nationalité française; car il faut bien se pénétrer de ce principe : Là où il n'y a pas la ferme et énergique volonté de créer une nationalité indépendante, il n'y a pas de vraie colonisation.

En s'appuyant sur les Droits de l'Homme, la Fédération respectera les Droits des Peuples et fera cesser le régime d'oppression auquel sont soumis les indigènes.

Par là, tout désir de révolte ne germera pas dans le cœur des plus faibles. Le calme se fera dans tous les esprits; les premiers occupants se rapprocheront des nouveaux arrivés, dont les connaissances plus grandes feront vite connaître le savoir plus fécond. Le partage du sol se fera de lui-même, sans qu'il faille s'aider de lois barbares autant qu'injustes, pour chasser de leurs terres les indigènes qui les ont fécondées.

Le droit de conquête ne peut être la justification d'un régime établi dans le but d'exterminer un peuple. Ce ne peut être que le droit qui justifie l'intervention d'un peuple dans la vie d'un autre peuple, pour amener lentement ce dernier dans le courant d'une civilisation plus généreuse et plus humaine.

La paix à l'intérieur amène peu à peu la cohésion des idées. Des idées communes font un peuple uni.

La Fédération sera la représentation vivante de ces idées communes, qui iront sans cesse en se développant. En elle, la Nation sera personnifiée. Car ce n'est ni la race, ni la religion, ni le langage qui font une nation (1).

Une nation, c'est l'ensemble des êtres qui se groupent autour d'un ensemble d'idées pour lesquelles ils sont prêts à combattre et à se soutenir mutuellement.

Ce n'est pas une réunion d'individus ; c'est un faisceau de volontés.

(1) Renan (E.), *Qu'est-ce qu'une nation?*

DEUXIÈME PARTIE

II

CE QUE DOIT ÊTRE LA FÉDÉRATION

CHAPITRE I

ÉTATS PARTICULIERS DANS L'ÉTAT FÉDÉRAL

Que sera cette fédération ?

A notre étude s'offrent principalement : la fédération américaine, la fédération allemande, la fédération helvétique.

Celle-ci est la plus franchement démocratique.

La fédération allemande est le fruit d'une transaction entre les visées de la Prusse et les résistances des Etats allemands.

La fédération américaine est le résultat des idées politiques anglaises greffées sur le principe fédératif.

Dans chacune de ces fédérations, il y a eu pacte entre les Etats. Or, les colonies ne sont pas des Etats. Les pays protégés seuls conservent cette manière d'être qu'ils possédaient avant le protectorat. Par suite, les premières réformes à réaliser seraient de donner à chaque colonie une personnalité propre, un système de gouvernement qui réponde aux mœurs, aux coutumes, aux civilisations en présence dans le pays; enfin, une législation électorale susceptible d'appeler à la discussion des affaires et au droit de vote, sans distinction de race, les seules personnes capables au point de vue intellectuel et moral, et qui formeraient une espèce d'aristocratie ouverte, la plus parfaite des démocraties, jusqu'au jour où les écoles sont assez nombreuses et l'éducation du peuple assez parfaite pour qu'on puisse établir le suffrage universel.

On ne pourra pas donner aux colonies le caractère mi-souverain que possèdent les Etats protégés. Sans doute, la souveraineté extérieure des colonies et des protectorats sera réservée par la France pour le pouvoir fédéral; de plus, les gouverneurs dans les colonies et les résidents dans les protectorats, tous nommés par la France, auront une large part dans le gouvernement intérieur des pays où ils seront placés. Mais, tandis que dans les colonies les gouverneurs seront chefs d'Etat et personnifieront la suzeraineté de la France avec des pouvoirs très étendus, dans les pays protégés les résidents resteront ce qu'ils sont, c'est-à-dire les conseillers des souverains indigènes. Bien plus tard, quand tout lien de vassalité avec la France sera rompu, quand les gouverneurs ne seront plus nommés par la métropole, quand il n'y aura plus de métropole, mais des Etats égaux dans la Fédération, alors seulement les colonies, comme les pays protégés, comme la France elle-même, auront ce caractère de mi-souveraineté que l'on peut reconnaître à chacun des Etats d'une fédération.

La France, ai-je dit, aurait le droit de conserver des résidents dans le pays qu'elle protège aujourd'hui, et ce droit lui serait reconnu dans le pacte fédéral jusqu'au jour où l'évolution du pays serait complète et qu'il demanderait lui-même l'abolition de ce droit. C'est grâce à ces fonctionnaires qu'en Tunisie comme au Cambodge, notre civilisation a pu faire sentir son influence bienfaisante, sans rien toucher cependant aux institutions politiques du pays, sans heurter les coutumes locales, sans froisser les habitants. Le système du doublement n'a eu que des avantages : placer des conseillers, qu'on les appelle résidents ou contrôleurs civils, à chaque échelon de la hiérarchie, côte à côte avec les organes de l'administration indigène, cela me paraît le plus utile pour tous, le moins vexatoire pour le protégé, le plus propre pour l'Etat protecteur à favoriser l'évolution d'un peuple vers une civilisation nouvelle (1).

Aux colonies, où le droit de conquête s'est fait largement sentir, il faudrait instituer des Parlements composés de deux Chambres, personnifiant, l'une la civilisation moderne, l'autre la civilisation indigène qu'il

(1) Jusqu'à présent, l'Annam ne possède qu'un seul résident, qui preside aux relations extérieures sans s'immiscer dans l'administration des provinces, d'après le traité du 6 juin 1884, art. 5. En fait, le gouverneur général peut faire sentir son influence, et tout porte à croire que le jour n'est pas loin où les fonctionnaires annamites seront secondés par des fonctionnaires français. Il en est ainsi en Tunisie depuis le traité de la Marsa du 8 juin 1883, et au Cambodge depuis la convention du 17 juin 1884.

s'agit de modifier. Réduire au silence tout un peuple vaincu, c'est le plus sûr moyen d'aller vers des révoltes. Si dans l'Inde les Anglais n'ont rien fait jusqu'ici pour établir un régime libéral, au Canada et au Cap ils ont fini par associer à leur œuvre politique les Canadiens français et les Boërs.

La prospérité de ces deux colonies n'a d'égale que celle de Terre-Neuve (1), de la Nouvelle-Zélande et des colonies australiennes. Toutes ont un gouvernement responsable devant leur Parlement, composé de deux Chambres :

Sénat et *Chambre des Communes* au Canada;

Conseil législatif et *Assemblée législative* à Terre-Neuve, dans l'Australie occidentale, à Victoria, dans la Nouvelle-Galles du Sud et le Queensland;

Conseil législatif et *Chambre des représentants* dans la Nouvelle-Zélande et l'Australie orientale.

En instituant ces deux Chambres, on n'a pas eu en vue de représenter deux civilisations. Français du Canada ou Boërs du Cap avaient un fonds d'idées qui devaient les conduire à des aspirations générales compatibles avec celles des Anglais, des Ecossais ou des Irlandais venus des îles Britanniques. La Chambre haute a eu pour but principal de fortifier l'autorité du gouverneur qui représente la métropole, et c'est pourquoi la totalité ou tout au moins la plus grande partie

(1) La prospérité de Terre-Neuve subit en ce moment un temps d'arrêt. Une crise sévit fortement sur cette colonie. J'ai tout lieu de croire que de cette crise ne sortira qu'un enseignement pour la prospérité plus grande du pays.

de ses membres sont nommés par la Couronne. Malgré cela, aucune loi votée par l'une et l'autre des deux Chambres ne peut être exécutée si elle n'est approuvée par le gouverneur et sanctionnée par lui. En fait, les colonies britanniques ont une complète autonomie ; il n'en est pas moins vrai qu'en droit, l'Angleterre a gardé les moyens de donner aux affaires coloniales l'impulsion et la direction qui lui conviennent : ses *ordres en Conseil privé* (1) ont force de loi aux colonies.

La France ferait de même. Elle se réserverait des droits semblables, en reconnaissant à ses possessions la liberté de se choisir un Parlement. Les gouverneurs nommés par elle auraient des pouvoirs très étendus. Ils seraient chefs d'Etat ; leurs *Conseils privés* se composeraient seulement de leurs lieutenants-gouverneurs et des premiers ministres ; ils ne seraient pas responsables devant les Parlements, la responsabilité retombant tout entière sur les ministres seuls ; ils nommeraient les administrateurs, les juges, tous les autres fonctionnaires ; ils sanctionneraient tous les actes des Parlements locaux ; même mieux, ils pourraient impo-

(1) Le Conseil privé, dont on a dit qu'il était la véritable Constitution du Royaume-Uni, se compose des hommes les plus éminents de l'administration ; le nombre de ses membres est indéfini et variable : d'accord avec le souverain, le premier ministre en arrête la composition. Tous, ou presque tous les ministres en font partie. Il est à remarquer que seul le Conseil privé existe en droit : l'usage l'a transformé en un cabinet où les ministres principalement se réunissent, sous la présidence du premier, pour donner leur avis à la reine.

ser leur volonté à la législature locale qui, par ses actes, se mettrait en opposition avec la politique de la France : auraient force de loi leurs ordres en Conseil privé ; ils seraient, en un mot, les dépositaires des pouvoirs de la République française dans chacune de ses colonies.

« Ce que nous voulons pour le bien de l'Algérie, a dit M. Paul Cambon à la Chambre des Députés, dans la séance du 10 novembre 1896, ce que nous voulons, c'est fortifier l'autorité de celui qui représente en Algérie la République et le gouvernement ; mais nous disons en même temps qu'il faut mettre à côté de lui un contrôle plus fort et mieux organisé que celui qui existe aujourd'hui. — Dotez l'Algérie d'un Conseil élu qui sera chargé des affaires locales et dans lequel siégeront, en même temps que les représentants des colons, les représentants des indigènes. Peut-être éviterez-vous ainsi bien des difficultés en donnant satisfaction non seulement à des sympathies, parfois un peu sentimentales, mais aux légitimes intérêts d'une population qui a travaillé pour nous, lutté à côté de nous sur les champs de bataille, et que nous devons appeler à l'honneur de partager avec nous le maniement des affaires publiques. »

Après bien des troubles, l'on a réalisé timidement ce que M. Cambon a demandé. Par les décrets du 23 août 1898 :

1° Les pouvoirs du gouverneur général de l'Algérie ont été une fois de plus déterminés ;

2° Une nouvelle Assemblée réunit chaque année ce

que l'on pourrait appeler les Etats généraux de l'Algérie et à quoi l'on a donné le nom de Délégations financières algériennes;

3° Le Conseil supérieur de gouvernement tend à devenir une espèce de Sénat, composé de membres élus, de membres nommés et de membres de droit.

Par le premier de ces décrets, le gouverneur général de l'Algérie a vu ses fonctions une fois de plus déterminées et étendues. Aux premiers temps de la conquête, l'autorité du gouverneur se confondait avec celle du chef de l'armée; cette autorité s'étendait à tous les services : le gouverneur général était bien le dépositaire des pouvoirs du Gouvernement français en Algérie. Depuis 1848, depuis qu'on s'est efforcé de ne plus voir de Méditerranée entre la France et ses possessions de l'Afrique du Nord, on a fixé des limites de plus en plus étroites à cette autorité. C'est ainsi que les arrêtés du chef du pouvoir exécutif, en date des 16 et 20 août 1848, ont rattaché directement aux ministères à Paris les services des cultes, de l'instruction publique et de la justice, sauf en ce qui concerne les musulmans. Un arrêté du 12 octobre de la même année a prononcé le même rattachement pour le service des douanes. Ultérieurement, un décret du 18 décembre 1874 a placé sous l'autorité directe du ministre de l'intérieur les services de l'administration pénitentiaire. Enfin, les décrets des 11 mars et 26 août 1881 ont généralisé l'œuvre des rattachements en plaçant sous la direction immédiate des ministres les services qui relevaient encore du gouverneur général. L'expérience a révélé les inconvénients de cette organisation; un complet revirement s'est opéré. En 1893, à la séance du 30 mai, le Sénat demande que l'on rapporte les décrets de rattachement et qu'on fortifie les pouvoirs du gouverneur-général de l'Algérie. De même, au mois de novembre 1896, la Chambre des Députés, « convaincue que le système des rattachements, édicté par les décrets du 26 août 1881, constitue un obstacle au bon fonctionnement des services publics en Algérie et à la réalisation des réformes, invite le gouvernement : 1° à rapporter immédiatement ces décrets et à réorganiser la haute administration de la colonie ; 2° à déposer sans retard un projet de loi, tant pour constituer le contrôle que pour régler la composition et le fonctionnement du conseil supérieur ».

Conformément aux résolutions des deux Chambres, un décret fut rendu le 31 décembre 1896. L'art. 1er de ce décret porte abrogation de ces décrets des 11 mars et 26 août 1881, ainsi que du décret du 18 décembre 1874 relatif à l'administration pénitentiaire : en vertu de ce décret, les seuls services qui restent attachés sont les services non musulmans des cultes, de la justice et de l'instruction publique, ainsi que les services de la trésorerie et des douanes.

Le décret du 23 août 1898 ne déroge à celui du 31 décembre 1896 que sur quelques points particuliers. Ses dispositions nouvelles sont encadrées dans celles qui restent en vigueur, afin que l'ensemble de ces règles continue de former un texte homogène. Les attributions du gouverneur général sont bien précisées :

de plus, on lui reconnaît, sous certaines conditions, le droit de prendre les décisions que nécessitent la sûreté intérieure et la défense de l'Algérie; enfin il peut correspondre non seulement avec le ministre de France au Maroc et avec le résident général de France à Tunis, mais encore avec le consul général de France à Tripoli. Dans la fédération de la France et de ses colonies, on pourrait encore élargir davantage les attributions du gouverneur, de telle sorte qu'il fût un véritable chef d'Etat, quoique nommé par la France. Cette situation ne serait pas plus bizarre que celle des préfets dans nos départements. Comme les préfets sont à la fois les représentants de l'Etat dans les départements et ceux des départements dans l'Etat, le gouverneur serait le représentant de la France en Algérie et celui de l'Algérie dans la fédération. Ce double rôle existerait jusqu'au jour où l'éducation politique du peuple dans notre colonie de l'Afrique du Nord serait assez parfaite pour que la France puisse abandonner sa suzeraineté et permettre à l'Algérie de se choisir elle-même un gouverneur.

Dans le but d'apporter au gouverneur général le concours d'opinions libres, d'avis éclairés et de vœux réfléchis, émis par les représentants directs des contribuables algériens sur toutes les questions d'impôts et de taxes assimilées, le deuxième décret du 23 août 1898 a créé une nouvelle assemblée à laquelle l'on pourrait donner le nom d'Etats généraux de l'Algérie et qu'on appelle les délégations financières algériennes. L'ensemble des contribuables algériens comprend, dit-on, trois groupes principaux qui ont souvent des intérêts communs, mais qui ont aussi des intérêts distincts, quelquefois même opposés. En premier lieu, les colons, c'est-à-dire ceux qui détiennent et exploitent la terre à titre de propriétaires, de fermiers ou de chefs d'exploitation. En second lieu, tous les contribuables français autres que les colons, c'est-à-dire ceux qui paient l'impôt foncier sur la propriété bâtie, la patente, la taxe sur les loyers, par conséquent les habitants des villes. Viennent enfin les indigènes musulmans. — Chaque groupe aura sa délégation, et, pour tenir compte des différences qui existent entre les races et les systèmes d'impôts qui y correspondent, il sera formé au sein de la délégation musulmane, une section arabe et une section kabyle. Les trois délégations éliront leur bureau respectif et délibéreront séparément. Jusqu'à décision contraire, leurs attributions seront purement consultatives.

Si l'on considère ce qu'il est advenu des Etats généraux dans les principaux pays d'Europe, il semble que tôt ou tard une fusion se fera entre la délégation des colons et la délégation des contribuables français autres que les colons. Leurs intérêts sont communs ; leurs aspirations sont les mêmes ; les uns et les autres appartiennent à la même civilisation. Les deux premières délégations deviendront une Chambre qui représentera notre civilisation moderne, individualiste et mercantile. La délégation musulmane représentera la vieille civilisation arabe et féodale. Tout porte à croire que les Kabyles iront se placer près du groupe colon. Dès lors, deux Chambres nettement caractérisées représenteront les deux civilisations en présence dans le pays :

L'une aura le caractère démocratique ; elle sera formée par les élus du peuple ; ce sera une Chambre de députés ou de représentants ;

L'autre aura le caractère aristocratique et féodal ; elle sera constituée par les chefs arabes qui exercent toujours sur les musulmans algériens la plus grande autorité. Ce sera une Chambre de Lords ou Chambre des Seigneurs.

Peut-être vaudrait-il mieux en venir là bientôt, réformer la législation électorale, déclarer que seront électeurs, sans distinctions de race, tous ceux qui, nés en Algérie ou y domiciliés depuis un temps plus ou moins long, dix ans si l'on veut, remplissent certaines conditions de capacité ; puis, assurer le fonctionnement de la Chambre populaire où les électeurs enverraient leurs députés, et l'organisation de la Chambre des Caïds dont les membres pourraient être en partie élus par les caïds eux-mêmes, le reste devant être nommé par le gouverneur général après avis des préfets ou lieutenants-gouverneurs de chacune des provinces.

Placés à la tête de chaque service, des ministres seraient responsables devant les deux Chambres constituant le Parlement.

Le temps fait bien les choses. Peut-être se chargera-t-il de prouver que les délégations financières algériennes sont appelées à exercer la plus grande influence et à réduire au rôle de conseil privé du gouverneur le conseil supérieur de Gouvernement dont le troisième décret du 23 août 1898 semble vouloir faire une sorte de Sénat composé de 31 membres élus par les conseils généraux et les délégations financières, de 7 membres nommés par le gouverneur général, et de 22 membres de droit siégeant à raison de leurs fonctions.

En Cochinchine et au Tonkin, comme en Algérie, on n'a pas voulu voir deux civilisations qui viennent se heurter. La civilisation annamite n'est pas cependant si facile à entamer. Les indigènes sont au nombre de plus de deux millions contre quatre mille Français en Cochinchine ; ils sont plus de dix millions au Tonkin. Or, leurs réclamations, leurs avis, leurs vœux ne peuvent qu'être étouffés au Conseil colonial de Cochinchine où, sur 16 membres, il y en a 6 élus par les notables indigènes (1) ; il en est de même au Conseil de protectorat du Tonkin où l'élément annamite est représenté seulement par 2 membres, que nomme le gouverneur général de l'Indo-Chine sur la présentation du résident supérieur (2).

Dans une fédération des diverses parties de notre empire, il serait nécessaire à Saïgon comme à Hanoï de créer un Parlement composé de deux Chambres :

L'une comprenant les représentants élus par les Français et par les indigènes remplissant certaines conditions de capacité ;

L'autre formée de notables majeurs élus par leurs

(1) Décret du 8 février 1880, modifié par les décrets du 6 octobre 1887 et du 28 septembre 1888.

(2) Décret du 8 août 1898, art. 2.

collègues et de notables majeurs nommés par le gouverneur général.

A Madagascar, où les nobles, par leur fortune et leur influence, ont pu réveiller le patriotisme hova, il est bon de ménager sans faiblesse la fierté de leur race et le légitime orgueil de leurs progrès rapides vers nos idées modernes. Pour assister le gouverneur général, un Sénat pourra être créé à côté d'une Chambre de représentants élus par les Français et par les indigènes qui répondent à certaines conditions de capacité. Seront seuls susceptibles d'être appelés dans ce Sénat les *grands propriétaires fonciers* nés à Madagascar ou y domiciliés depuis un temps relativement long, dix ans au moins.

Des institutions semblables pourraient être créées dans nos diverses colonies. Toutes les matières qui ne rentreraient pas dans le statut fédéral seraient de la compétence des assemblées locales, sous le contrôle de la France et des gouverneurs nommés par elle. Enfin, comme en Suisse, comme aux Etats-Unis de l'Amérique du Nord, les diverses constitutions particulières seraient garanties dans la constitution fédérale.

Dès lors, devenues des Etats, les colonies se développeraient suivant leur situation géographique, la richesse de leur sol, l'énergie de leurs œuvres, et d'après un régime électoral de plus en plus développé.

Les premiers articles du contrat fédéral pourraient être ceux-ci :

I. — Toute colonie peut aspirer à devenir un Etat dans la Fédération Française. L'Etat sera établi si la constitution proposée par la France en sa qualité de suzeraine est acceptée par la majorité des électeurs actuels ou par leurs organes représentatifs.

II. — Cette constitution ne pourra porter que sur les matières qui ne font point partie du domaine fédéral.

III. — Toute constitution provenant de la France ne pourra être changée, si la France n'y consent. Cette condition n'est pas nécessaire en ce qui concerne la législation électorale, pourvu que la réforme porte dans un sens de plus en plus démocratique, et dans l'esprit de la législation électorale de la Fédération.

IV. — Tout Etat dépendant de la France sera affranchi de toute tutelle, si l'indépendance sous le régime fédéral est admise par la majorité des électeurs, lorsque cette majorité est au moins égale au tiers de la population.

V. — Les contestations qui s'élèveront entre la France et ses anciennes colonies seront de la compétence du Tribunal fédéral.

Ainsi, seraient posées les premières assises.

L'autonomie, telle serait l'offre de la France. En revanche, elle exigerait des colonies leur rattachement au statut fédéral, ayant surtout en vue la défense commune.

Et nous voici dans l'esprit du principe fédératif. Qu'est-ce que la fédération? — C'est un contrat synallagmatique et commutatif, par lequel les contractants se réservent une part de souveraineté et abandonnent l'autre part, pour la sauvegarde de chacun et l'intérêt de tous, à un organe commun, librement élu et représentant la fédération (1).

(1) Proudhon, *Du principe fédératif*, p. 66.

CHAPITRE II

FÉDÉRATIONS RÉGIONALES

Beaucoup de nos colonies ont une étendue trop peu considérable pour qu'on attende d'elles dans leur isolement un grand avenir économique et commercial. Mais groupées suivant les régions, les climats et les mœurs des habitants, elles sont susceptibles d'un plus grand développement. Vers les Antilles et l'Amérique du Sud, je vois la Guyane, la Martinique, la Guadeloupe, Saint-Martin. Sur les côtes africaines de l'Océan Indien, nous trouvons Madagascar, la Réunion, Mayotte, les Comores, Nossi-Bé. Dans l'Océanie, la Nouvelle-Calédonie et les îles Loyauté forment un groupe que l'archipel de Cook sépare des Marquises, Tuamotou, Tahiti, Tubuaï.

Certes, les distances de l'une à l'autre de ces colonies sont très considérables. Unies les unes aux autres dans la même région, sous un même gouvernement, elles pourraient rapprocher les distances : la mer est la meilleure route naturelle que l'on puisse trouver; elles s'entendraient pour faciliter les communications télégraphiques, postales, commerciales ; elles accorderaient des subventions à des sociétés de navigation qui établiraient des messageries régionales. Le trop-plein de la population de l'une penserait davantage à l'émigration dans une autre et voisine où les richesses naturelles sont abondantes et la population trop restreinte. Unies de cette manière, elles auraient encore une plus grande force politique sur les contrées avoisinantes.

Pour que tous ces groupements puissent avoir lieu, il faut tomber d'accord sur les matières réservées à la compétence locale, qui peuvent présenter des intérêts communs aux colonies d'une même région. Ces groupements pourraient être les mêmes que ceux qui placeraient au point de vue de la défense les forces militaires d'un certain nombre de colonies sous le commandement en chef d'un officier nommé par le pouvoir fédéral. Ils n'auraient rien de comparable à l'Union Indo-Chinoise, où tout se centralise à outrance dans les bureaux du gouverneur général. Ce seraient de petites fédérations dans la grande fédération. Conformément à l'esprit fédératif, qui est aussi l'esprit démocratique, et par suite le seul qui doit s'imposer, les colonies autonomes, si petites soient-elles, resteraient autonomes, malgré l'engagement qu'elles prendraient de n'avoir sur certaines matières, telles que voies et moyens régionaux de communication, qu'une volonté commune réglée par un organe commun.

En accordant une constitution à chacune de ces colonies, la France pourrait stipuler l'organisation de pareils groupements. Dès lors : Fédération indo-chinoise, Fédération malgache, Fédération de l'Afrique centrale, Fédération de l'Ouest-Africain, Fédération de la Guyane-Antilles, Fédération de l'Afrique du Nord, telles seraient, avec la France, les puissantes assises de la Fédération française.

La Fédération indo-chinoise comprendrait la Cochinchine, le Cambodge, l'Annam, le Tonkin, le Laos, et exercerait une salutaire influence sur les rives du Mé-Kong et sur l'île d'Haï-nan.

A la Fédération malgache se rattacheraient Madagascar, la Réunion, Nossi-Bé, Mayotte, les Comores.

Gabon, Congo, Oubanghi formeraient la Fédération de l'Afrique centrale.

Du Dahomey au Sénégal, par la Guinée ou le Niger, ce serait la Fédération de l'Ouest africain.

Celle de la Guyane-Antilles réveillerait peut-être notre activité dans l'Amérique du Sud et nouerait des relations très cordiales avec nos anciennes colonies, Haïti par exemple.

Quant à la Fédération de l'Afrique du Nord, Alger et Tunis, on peut prévoir pour elle le plus grand développement.

Nous n'avons pas encore de fédération, mais nous avons l'Union indo-chinoise, qui est tout autre chose qu'une fédération. La Cochinchine, le Cambodge, l'Annam, le Tonkin et le Laos forment, il est vrai, des unités administratives distinctes. Mais le décret du 21 avril 1891, qui règle les pouvoirs du gouverneur général, place entre ses mains la centralisation la plus complète que l'on puisse rêver. Ce régime soulève de très vives oppositions en Cochinchine. Jusqu'à ces dernières années, le gouverneur était à Saïgon ; aujourd'hui il réside en fait à Ha-Noï, où son attention est sollicitée par les questions les plus graves et les plus urgentes. Les affaires de la Cochinchine souffrent de cet éloignement, car Saïgon est à six jours de mer de Ha-Noï, ce qui, pour régler une question quelconque, nécessite un voyage de plusieurs semaines. De là est sorti un mouvement très accentué d'opinion qui s'est formulé dans les corps élus de la Cochinchine, conseil municipal, conseil colonial, chambre de commerce, et qui demande la transformation de l'Union indo-chinoise en deux gouvernements distincts : l'un comprenant la Cochinchine, le Cambodge et le Laos ; l'autre s'étendant sur le Tonkin et sur l'Annam (1).

Ce n'est pas une idée de scission qui préoccupe les colonies australiennes ; c'est au contraire vers une Fédération qu'elles évoluent depuis quelques années. On pourrait faire remonter à 1850 les premières tentatives qui furent faites (2) ; mais c'est surtout depuis 1888 que l'opinion populaire s'est saisie du projet. La Conférence impériale de Londres, convoquée en 1887 par la reine sur les instances de la Ligue pour la Fédération Impériale, a montré, en effet, aux colonies australiennes qu'elles devaient s'entendre pour une union plus complète, surtout au point de vue de la défense. L'effet produit par l'Imperial Defence Act de 1888 et, un an plus tard, par le rapport officiel sur les fortifications australiennes, provoqua le congrès de Melbourne de

(1) Fleury-Ravarin, « Ce qu'il faut faire en Indo-Chine », *Rev. dipl. et col.*, 15 mars 1897, p. 90.

(2) Maistre, « La Question de fédération en Australie », *Rev. polit. et parl.*, 10 avril 1897, p. 89.

1890, sur l'initiative du premier ministre de la Nouvelle Galles du Sud, sir Henry Parkes.

Cet homme fut l'un des plus illustres de toute l'Australie. Il est mort à Sydney le 27 avril 1896. On l'appelait le père de la Fédération. Né à Birmingham où il vivait avec peine de son métier de tourneur en ivoire, il s'embarqua à Londres, accompagné de sa femme, pour venir tenter fortune en Australie. Il arriva à Sydney le 27 juillet 1839. Il se fit journaliste, il devint député, il fut cinq fois premier ministre. Jamais une pensée de lucre ou de gain n'eut place en l'esprit de cet homme foncièrement honnête, qui n'usa en aucune occasion de son influence et de son autorité pour faire obtenir à un parent ou à un ami un emploi officiel, qui ne trafiqua jamais de son mandat, qui ne s'entremit d'aucune affaire d'argent, et qui, après quarante-deux ans de vie publique, mourut pauvre, ne laissant comme héritage à ses nombreux enfants que l'exemple de sa vie intègre et de ses vertus. Homme d'action par excellence, il combattit jusqu'à la fin avec une vigueur de parole et de plume vraiment surprenante chez un vieillard de quatre-vingts ans. C'est grâce à lui que la fédération est devenue populaire en Australie. C'est à lui qu'on la devra ; il en fut l'apôtre et le précurseur.

Au congrès de Melbourne, les sept colonies australiennes furent représentées. « Le moment est venu, dit sir Henry Parkes, où les colonies australiennes doivent se fédérer sous un gouvernement basé sur des principes équitables envers toutes les colonies, et placé sous l'égide de la couronne. » Sa motion affirmant ces paroles fut votée par l'unanimité des membres.

Il est néanmoins un fait très important qu'il convient de noter. La motion contenait primitivement ces mots de « colonies australasiennes » ; ils furent remplacés par ceux de « colonies australiennes », sur la demande des délégués de la Nouvelle-Zélande. C'était indiquer clairement que la Nouvelle-Zélande avait résolu de se tenir à l'écart du mouvement fédéral, bien qu'elle l'approuvât en principe. Cette colonie eut soin, d'ailleurs, de se faire réserver, par une clause additionnelle, une porte ouverte pour le jour où elle jugerait de son intérêt de se joindre au continent australien. Depuis, elle se tient encore plus à l'écart qu'en 1890, et même on la soupçonne de vouloir jouer à l'égard de l'Australie le rôle du Japon à l'égard de la Chine.

Le congrès de Melbourne, d'accord sur le principe d'une Australie fédérale, prit une décision d'une importance exceptionnelle ; il décida qu'une Convention nationale se réunirait pour étudier les moyens pratiques d'arriver à la fédération.

Cette Convention se réunit, en effet, le 2 mars 1891, à Sydney. Sir Henry Parkes en fut élu président. Elle aurait abouti à doter l'Australie d'une constitution fédérale, si la Nouvelle-Galles du Sud y avait adhéré. Voici quels étaient les traits principaux de cette constitution restée à l'état de lettre morte, mais qui, probablement, doit servir de base à toute nouvelle convention fédérale :

1° Les colonies australiennes porteront séparément le nom d'États; elles conservent leurs pouvoirs, privilèges et droits territoriaux, en temps que ceux-ci ne seront pas incompatibles avec les pouvoirs et l'autorité du gouvernement fédéral;

2° Le commerce intercolonial par terre, par mer ou par voies fluviales sera absolument libre;

3° Seul, le gouvernement fédéral pourra imposer des droits de douane, du produit desquels il disposera ainsi qu'il sera ultérieurement convenu;

4° Les forces de terre et de mer de l'Australie fédérée seront placées sous une direction unique chargée de la défense du pays;

5° Les pouvoirs législatifs du gouvernement seront confiés à un parlement fédéral comprenant un Sénat et une Chambre des représentants;

Le Sénat se composera d'un nombre égal de membres (8) pour chaque province; il sera renouvelable par tiers à des époques périodiques;

La Chambre des représentants sera élue pour trois ans par les provinces, subdivisées en districts électoraux, au prorata de leur population, à raison d'un membre pour 30,000 habitants;

Cette Chambre présentera et amendera définitivement les lois affectant le revenu ou établissant des taxes;

Les membres des législatures provinciales ne pourront pas siéger dans le Parlement fédéral, et vice et versa;

6° Le pouvoir judiciaire sera représenté par une Cour suprême fédérale dont les arrêts sont définitifs;

7° Le pouvoir exécutif le sera par un gouverneur général nommé par la Couronne, seul intermédiaire entre celle-ci et les États fédérés.

Le gouverneur général sera assisté de conseillers fédéraux, tirés du sein du Parlement fédéral, par la majorité duquel ils seront élus et avec laquelle ils se renouvelleront; il sera commandant en chef des forces de terre et de mer. Le pouvoir exécutif exercera le contrôle sur les douanes, l'accise, les postes et télégraphes, l'armée et la marine, les phares, les quarantaines. Néanmoins, chaque État fédéré aura son gouvernement particulier, dont le mode d'élection ou de révocation dépendra du parlement local;

8° La nouvelle constitution prendra le nom de Constitution de la Commonwealth d'Australie; elle ne pourra être amendée ou revisée que par une convention spécialement élue dans ce but (1).

Depuis, il y a eu un autre acte important, le Federal Enabling Act, résultat de la conférence tenue à Hobart en fin janvier et février 1895 par les premiers ministres des colonies seulement australiennes, c'est-à-dire à l'exception de la Nouvelle-Zélande. Cet Acte prévoit cependant l'adhésion de cette dernière colonie. Il comprend 44 articles. Voici quelles en sont les dispositions essentielles :

La Convention chargée d'élaborer la constitution fédérale se composera de dix représentants de chaque colonie, élus au suffrage en vigueur pour les législatures locales.

Quand trois colonies, ou davantage, auront élu leurs délégués, les gouverneurs de ces colonies convoqueront la Convention.

Après qu'elle aura élaboré une constitution, la Convention s'ajournera pour un certain temps, afin que ce projet puisse être critiqué.

Une fois la constitution adoptée, elle sera soumise au vote

(1) Maistre (P.), *op. cit.*, p. 93.

direct des électeurs, qui devront l'accepter ou la rejeter en bloc.

Si trois colonies acceptent la constitution, elle sera soumise à la ratification impériale (1).

Plus de deux années s'écoulèrent avant que l'on pût songer à réunir une Convention.

En novembre 1896, le Queensland déclara que, ne voulant pas faire les frais d'une élection de délégués, il ne serait pas représenté à cette Convention. L'Australie occidentale paraissait tout au moins indécise. Quand, enfin, elle eut voté à son tour le projet de loi prévoyant l'élection par le peuple de ses dix délégués, il sembla que cinq colonies australiennes étaient d'accord pour la Fédération : la Nouvelle-Galles du Sud, Victoria, l'Australie méridionale, l'Australie occidentale, et la Tasmanie. Leurs premiers ministres, assemblés à Melbourne, décidèrent que les élections auraient lieu le 4 mars et que la Convention se réunirait le 29 du même mois. Les élections eurent lieu ; les femmes votèrent au même titre que les hommes dans l'Australie méridionale. C'est dans la capitale de cette colonie, c'est-à-dire à Adelaïde, que se réunit la Convention fédérale, à la fin du mois de mars 1897. Elle se sépara le vendredi 23 avril, après qu'elle eut élaboré une constitution, et décidé qu'elle se réunirait de nouveau à Sydney le 2 septembre pour amender le projet, suivant les critiques faites. Une copie en fut présentée au ministre

(1) Journal *Le Temps* du 9 février 1895.

des colonies britanniques, M. Chamberlain, qui en discuta le texte avec les premiers ministres australiens, pendant les fêtes du jubilé de la reine Victoria, où tous les premiers ministres coloniaux avaient été conviés.

La Convention se réunit de nouveau, non pas à Sydney, mais à Melbourne, non pas le 2 septembre 1897, mais le 20 janvier 1898. En se séparant le 19 mars, elle avait arrêté définitivement le texte du projet de constitution fédérale destiné à être soumis au referendum populaire dans chacune des colonies représentées. Ce referendum eut lieu le 4 juin. La Fédération australienne n'en est pas encore sortie. Trois colonies se prononcèrent cependant en faveur du projet : le Victoria et la Tasmanie avec des majorités considérables ; mais la Nouvelle-Galles du Sud avec une majorité insuffisante, car le minimum de 80.000 adhésions, requis pour que le vœu des « fédérationistes » soit pris en considération, n'a pas été atteint ; il n'y a eu, en effet, que 68.283 *oui*, contre 63.499 *non*.

N'importe, l'on est près de voir réaliser ce qu'on nommait utopie, il n'y a que huit ans, quand sir Henry Parkes prenait l'initiative de réunir à Sydney la première Convention nationale.

L'on parle aussi beaucoup d'une Fédération de l'Afrique du Sud. Celle-ci paraît plus difficile à faire sortir de l'état de projet que l'union australienne. Mais la victoire d'Ondurmann a donné une nouvelle impulsion aux visées ambitieuses des partisans de M. Cecil Rhodes.

Certes, c'est un homme des plus énergiques, et qui se passera, s'il le faut, des républiques d'Orange et du Transvaal. Le Cap, Natal, Rhodesia, Zambezia, n'est-ce pas assez pour former une fédération puissante qui, dépassant le Nyassa, fera sentir son influence sur tout le reste de l'Afrique et viendra, par le Nil et les Anglais d'Egypte, jusqu'à la mer Méditerranée?...

Pendant longtemps on a cru, peut-être même croit-on encore à la possibilité d'attirer dans la Fédération de l'Afrique du Sud, les Boërs d'Orange et ceux du Transvaal. Au Canada, les Canadiens français de Québec et Montréal sont bien rentrés dans la Fédération qui fait du Dominion une vaste puissance entre deux océans, depuis sa Constitution de 1867.

L'avenir nous apprendra ce qui est réservé à ces projets grandioses. Mais nous, Français, nous devons nous attacher dès maintenant à la solution des problèmes que nous présente la politique coloniale. Nous avons autre chose à faire qu'à rester seulement spectateurs de l'édification d'un Empire britannique fédéralisé. « La Fédération de l'Afrique du Sud suivra celle des colonies australiennes, et ce sera un grand pas de fait vers la Fédération impériale ». M. Chamberlain l'a dit; croyons M. Chamberlain et faisons quelque chose avec les éléments dont nous pouvons disposer. La France doit et peut être puissante. En laissant aux conseils locaux le soin des affaires locales, elle se délivre d'une multitude de soucis; en favorisant des fédérations régionales, elle place des sentinelles redoutables partout où ses intérêts sont engagés; enfin, par une fédération avec ces fédérations, elle peut se consacrer à un but unique : garder sa place dans le monde par la défense de son territoire, le maintien de son influence, la garantie de son commerce.

CHAPITRE III

MATIÈRES QUI DOIVENT RENTRER DANS LE DOMAINE FÉDÉRAL

Sur quelles matières s'étendra la compétence fédérale ?

« Le gouvernement fédéral n'est que notre département des affaires étrangères », a dit l'Américain Jefferson.

Et, en effet, un point saisi par toutes les fédérations, c'est l'unité dans la défense et dans les affaires extérieures, de même que pour entretenir l'armée et la marine, ainsi que la représentation diplomatique à l'étranger, le produit des douanes constitue les premières ressources qui s'offrent à la Fédération.

Défense, affaires étrangères, douanes, tel est le minimum qui puisse être attribué au domaine fédéral ; et c'est aussi ce que lui accorde ce minimum de fédération qui constitue simplement une Union et que l'on appelle le compromis austro-hongrois.

Mais le but d'une fédération véritable est plus large et plus élevé.

La défense, c'est-à-dire le droit à l'existence dans le monde, ne peut être effective que si l'ordre et la prospérité règnent à l'intérieur ; que si la liberté de chacun rencontre une autorité suffisante pour garantir devant la loi l'égalité de tous (1).

C'est pourquoi une loi doit déclarer que pour toute l'étendue du territoire fédéral existe un indigénat commun, une nationalité commune. L'effet de cette nationalité sera de reconnaître à tous ceux qui appartiennent comme sujets ou citoyens à l'un des États de la Fédération, d'abord, le droit d'être également protégés par le gouvernement fédéral vis-à-vis de l'étranger ; ensuite, la faculté de se comporter dans tout autre État de la Fédération comme les habitants mêmes de cet État, c'est-à-dire d'y fixer leur domicile, d'y exercer une profession ou un emploi public, d'y acquérir meubles et immeubles, d'y obtenir tous les droits civils et politiques qui sont reconnus aux membres de cet État.

Pour rapprocher encore davantage les individus des contrées les plus lointaines, il faut que la Fédération facilite le commerce par tout un ensemble de mesures :

1° Réglementation des principales voies et principaux moyens de communication, c'est-à-dire grandes routes, canaux et chemins de fer d'intérêt général, postes et télégraphes, grandes lignes de navigation. autant de choses, d'ailleurs, où se rencontre le souci de la défense ;

2° Législation commune sur les obligations et le droit

(1) En Autriche-Hongrie, les Hongrois sont des oppresseurs vis-à-vis des autres races, et les Allemands vis-à-vis des Tchèques. Aussi chaque peuple aspire-t-il à l'indépendance, puisque le compromis ne veut pas respecter les droits de chaque peuple.

commercial, notamment les lettres de change et les billets à ordre, les brevets d'invention, marques de fabrique, dessins et modèles industriels, propriété littéraire et artistique, contrefaçon ;

3° Unification des monnaies, des poids et des mesures ;

4° Réglementation du mariage civil ;

5° Enseignement d'une langue commune, le français reconnu comme langue officielle, soit dans les écoles déjà établies et parallèlement avec un autre enseignement qui existe déjà, soit dans les écoles nouvelles, primaires, secondaires ou supérieures, et indépendantes d'un autre enseignement, pourvu qu'il y ait entente entre le gouvernement fédéral et les autorités locales.

Il faut enfin que la Fédération tranche les conflits qui divisent les États, afin d'assurer le bien-être par le travail et la prospérité par la concorde.

Examinons, en effet, sur quoi portent les pouvoirs de la Fédération en Suisse, aux Etats-Unis, en Allemagne.

En Suisse, sont du ressort du pouvoir fédéral :

1° La politique extérieure, guerre, paix, traités, représentation diplomatique (art. 8 de la Constitution) ;

2° Les affaires militaires en ce qui concerne l'instruction et l'armement des troupes, l'équipement étant à la charge des cantons, sauf pour la cavalerie, excepté les dragons (art. 28) ;

3° Les douanes (art. 20) ;

4° Les travaux publics qui intéressent la Suisse ou une partie considérable du pays (art. 23) ;

5° Les postes et télégraphes (art. 36) ;

6° La législation, la construction et l'exploitation des chemins de fer (art. 26) ;

7° La surveillance des ponts et des routes intéressant la Confédération (art. 37) ;

8° Les monnaies, poids et mesures (art. 38, 39, 40) ;

9° L'instruction publique supérieure (art. 27) ;

10° La pêche, la chasse et la protection des oiseaux utiles à l'agriculture (art. 25) ;

11° L'exercice des professions commerciales et industrielles (art. 31) ;

12° La législation sur le travail des enfants et des adultes dans les fabriques, et la protection des ouvriers employés à des industries insalubres et dangereuses, ainsi que l'assurance contre les maladies et les accidents (art. 34) ;

13° La législation sur l'état civil (art. 53) ;

14° Quelques points de la législation sur le mariage (art. 54) ;

15° La législation sur la capacité civile (art. 64) ;

16° La législation sur toutes les matières du Droit se rapportant au commerce et aux transactions mobilières, c'est-à-dire le Droit relatif aux obligations, y compris le Droit commercial et le Droit de change (art. 64) ;

17° La législation sur la propriété littéraire et artistique (art. 64) ;

18° La législation sur la faillite et la poursuite pour dettes (art. 64) ;

19° La législation sur la protection des dessins et

modèles industriels (art. 64), après le vote populaire du 10 juillet 1887);

20° Le droit d'établir un monopole pour l'émission des billets de banque (Loi constitutionnelle du 18 octobre 1891);

21° Le droit d'intervenir dans un canton, en cas de troubles, soit sur la demande des autorités, soit d'office (art. 16).

— En Allemagne, appartiennent principalement à la compétence fédérale (art 2 Constitution de l'Empire, 16 avril 1871) :

1° Les affaires extérieures, représentation diplomatique, représentation consulaire, protection du commerce et du pavillon allemand;

2° L'organisation de l'armée et de la marine de l'Empire;

3° Les prescriptions relatives à la libre circulation, à l'indigénat et à l'établissement des membres d'un Etat de la Confédération dans un autre, aux droits de citoyen, passeports, à la police des étrangers, à l'exercice d'une profession, à la réglementation des assurances, colonisation et émigration (art. 3);

4° La législation des douanes, du commerce et des impôts applicables aux besoins de l'Empire;

5° Les postes et télégraphes, dans une certaine mesure cependant à l'égard de la Bavière et du Wurtemberg, suivant l'art. 52;

6° Les monnaies, les poids et les mesures;

7° Les chemins de fer, avec les réserves indiquées

par l'art 46 pour la Bavière, ainsi que les grandes voies de communication par terre et par eau intéressant la défense nationale et le commerce général ;

8° La police des Etats ;

9° La législation sur la presse et le droit d'association ;

10° Le régime de l'industrie ;

11° Les prescriptions générales sur les banques ;

12° Les brevets d'invention et la propriété littéraire et artistique ;

13° La procédure des actes authentiques ;

14° Le droit pénal et la procédure pénale et civile ;

15° L'organisation judiciaire ;

16° Le droit civil, depuis la loi constitutionnelle du 20 décembre 1893 et la promulgation du nouveau Code civil allemand.

— Aux Etats-Unis, rentrent dans les pouvoirs de la fédération (Chap. I, section 8, Constitution du 17 septembre 1787) :

1° La politique extérieure : guerre, paix, traités, représentation diplomatique et consulaire ;

2° Une partie de l'organisation des armées de terre et de mer ;

3° Les douanes ;

4° Les monnaies, poids et mesures ;

5° Les routes ;

6° Les postes ;

7° La législation sur la banqueroute ;

8° La législation sur la propriété littéraire, artistique et industrielle ;

9° La législation pénale sur les crimes contre le droit des gens et la constitution ;

10° La législation sur la nationalité ;

11° Le droit d'intervenir dans un Etat, en cas de troubles, sur la demande du Parlement local, et, s'il n'est pas en session, sur la demande du gouverneur (Chap. IV, section IV).

Dégageons l'esprit des diverses attributions fédérales que l'on rencontre dans les trois pays. Il se montre dans la force avec laquelle s'est développé le commerce de chacun d'eux ; et cet esprit est celui-ci : union pour toute lutte, s'il le faut par les armes, toujours par les produits de l'activité industrielle.

Ainsi s'est accomplie la division du travail politique entre le gouvernement central et les gouvernements locaux. Libre de ces difficultés innombrables que font naître les divisions locales, le gouvernement fédéral a pu franchement s'élancer vers ce but : une nation toujours plus grande, un Etat toujours plus fort.

CHAPITRE IV

LA DÉFENSE

Pour arriver à l'édification de cette machine de guerre, la plus redoutable dans la lutte des peuples et que l'on nomme une fédération, les petits Etats ont tout fait pour ne pas être entraînés dans la masse des grands ; ils se sont appliqués à bien définir leurs droits et à se les faire garantir, même dans cet ensemble de matières qui se rapportent à la marine et à l'armée, qui se proposent surtout la défense du territoire et qui exigent une législation unique, ainsi que la plus grande centralisation.

Certes, il est bien stipulé en Suisse, en Allemagne, aux Etats-Unis, qu'en cas de péril, le gouvernement fédéral prend en mains, s'il le faut, toutes les forces des divers Etats.

Aux Etats-Unis, le Congrès a le pouvoir de lever et d'entretenir une marine, de faire des règlements pour l'administration des forces de terre et de mer ; de pourvoir à ce que les milices soient organisées et disciplinées (1). De plus, « le Président sera le Commandant en chef de l'Armée et de la Marine des Etats-Unis, et de la milice des différents Etats lorsqu'elle sera appelée au service effectif des Etats-Unis (2) ». Bien qu'il

(1) Constitution, chap. Ier, section 8.
(2) Constitution, art. 2, section 2.

n'exerce pas lui-même le commandement effectif des troupes et qu'il ne prenne pas en mains la direction des opérations militaires, il délègue son pouvoir et son autorité au général en chef qu'il désigne avec l'assentiment du Sénat, mais qu'il peut révoquer de sa propre autorité (1).

En Suisse, « dans les cas de danger extérieur ou de troubles à l'intérieur, chaque canton est tenu d'accorder libre passage aux troupes. Celles-ci seront immédiatement placées sous le commandement fédéral (2) ». De plus, « la Confédération a le droit de disposer exclusivement et directement des hommes non incorporés dans l'armée fédérale et de toutes les autres ressources militaires des cantons (3) ».

En Allemagne, « la marine militaire de l'Empire constitue un seul service placé sous le commandement supérieur de l'Empereur (4) ». « L'ensemble des forces de terre de l'Empire constitue une seule armée placée, en temps de guerre comme en temps de paix, sous les ordres de l'Empereur (5) ».

Mais ce qui ressort clairement de l'organisation militaire dans ces trois pays, c'est la part plutôt large de souveraineté que se réservent ou qu'auraient voulu se réserver à cet égard les gouvernements locaux.

(1) Voir Souillard. « Du régime militaire des Etats-Unis de l'Amérique du Nord », thèse de doct., Toulouse.

(2) Constitution, art. 15, 16, 17.

(3) Constitution, chap. Ier, art. 19.

(4) Constitution, art. 53.

(5) Constitution, art. 63.

Sans doute, la centralisation excessive de l'organisation militaire parait être une garantie de plus pour la défense du pays ; mais c'est aussi une tentation bien grande pour le gouvernement central de devenir oppresseur et d'entamer les libertés locales. Aussi, l'entretien d'une armée permanente a-t-elle toujours paru aux Américains une dérogation aux principes fondamentaux de leur système politique. En cas de danger, le Congrès pourra lever les armées qu'il voudra, sans que l'allocution pécuniaire puisse être faite à cet effet pour un temps plus long que deux ans (1). C'est tout. Comme règle, pas de soldats de profession, si ce n'est les quelques milliers d'hommes employés à défendre les colons contre les incursions des Indiens. Des citoyens seulement armés dans les milices. — Et ici, le service militaire est obligatoire : doivent servir dans les milices tous les individus âgés de 18 à 45 ans (2). Les officiers sont nommés par chaque Etat.

En Suisse, la Constitution stipule expressément (3) : La Confédération n'a pas le droit d'entretenir des armées permanentes ; et l'armée fédérale se compose presque exclusivement des corps de troupes des cantons (4). Les lois sur l'organisation de l'armée émanent de la confédération ; mais leur exécution dans les cantons

(1) Constitution, chap. Ier, section 8.

(2) Acte du 8 mai 1792. Cet acte, quoique modifié depuis, peut être considéré comme formant encore aujourd'hui le statut organique de l'institution des milices. Voir Souillard, *op. cit*, p. 120.

(3) Chap. Ier, art. 13.

(4) Chap. Ier, art. 18.

a lieu par les autorités cantonales. D'ailleurs, sinon l'instruction militaire et l'armement, qui appartiennent à la Confédération du moins, l'équipement des troupes appartient aux cantons, sauf l'équipement des corps de cavalerie autres que les dragons. Les officiers des corps de troupes des cantons sont nommés par les gouvernements cantonaux ; leur avancement est réglé d'après les lois cantonales.

Un état major fédéral. tout entier dans les mains du gouvernement central, cela suffit, aux yeux des Suisses, pour relier entre eux les divers corps de troupes sous les ordres d'un commandant en chef.

En Allemagne, où l'armée doit rester le pivot de la puissance germanique, la Prusse a tout fait pour soumettre à ses lois militaires les divers Etats de la Fédération. Après qu'il fut établi comme clé de voûte de l'édifice constitutionnel que le roi de Prusse porterait le titre d'Empereur allemand (1), et sur le principe que tout Allemand doit le service militaire (2), on adopta dans la constitution tout un ensemble de mesures, comme si l'on voulait faire de l'armée allemande une plus grande armée prussienne. « Les troupes de terre de tout l'Empire forment une armée unitaire (organisée d'après les mêmes principes), tant pendant la paix que pendant la guerre. La même série de numéros d'ordre s'étend sur tous les régiments de l'armée allemande. La couleur et la coupe de l'uniforme doivent être con-

(1) Constitution, art. 11.
(2) Constitution, art. 57.

formes à celles de l'armée prussienne (1). L'Empereur a la surveillance de l'armée. Toutes les troupes allemandes lui doivent obéissance et lui prêtent serment. Il nomme les commandants supérieurs des contingents (2) et des forteresses ; les généraux doivent être agréés par lui (3). Il a le droit d'établir des forts sur n'importe quel point du territoire (4). Il peut déclarer l'état de siège. »

Tout cet ensemble de mesures ne pouvait pas aller sans quelques concessions. Il fut donc décidé que les souverains seraient les chefs des troupes levées dans leurs Etats et que la nomination des officiers leur appartiendrait. Ce fut assez pour les petits.

Avec le Wurtemberg et surtout la Bavière, on déclara s'en tenir aux clauses des traités que l'on avait passés en 1870 (5) : convention militaire des 21-25 novembre avec le Wurtemberg, traité d'alliance du 23 novembre avec la Bavière. — Aux termes des clauses du traité, l'armée bavaroise, quoique placée en temps de guerre sous le commandement suprême de l'empereur, a conservé en quelque sorte son autonomie. Le roi de Bavière, assisté de son ministre de la guerre, en est toujours le chef effectif ; officiers et généraux sont nommés par lui seul ; seule aussi la Bavière entretient ses places fortes et supporte les frais de son organisation militaire.

(1) Constitution, art. 63.

(2) On appelle contingent l'ensemble des forces militaires fournies par un Etat.

(3) Constitution, art. 64.

(4) Constitution, art. 65.

(5) Constitution, disposition additionnelle au chap. XI.

— L'armée wurtembergeoise a pu, elle aussi, conserver une certaine autonomie, bien que lui soient déclarés applicables la plupart des lois, règlements, instructions et rescrits qui régissent l'armée prussienne. C'est au roi de Wurtemberg que les troupes doivent obéissance et prêtent serment. — Quelle que soit la ténacité de la Prusse à vouloir entamer ces prérogatives, la ténacité de ces Etats de l'Allemagne du Sud a été jusqu'ici non moins grande pour les défendre constamment.

Par ce qui se passe aux États-Unis, en Suisse, en Allemagne, que faut-il conclure ? et que convient-il d'adopter pour cette fédération qui unirait la France européenne à la France d'outre-mer? L'armée doit-elle être unitaire ou faite de tronçons reliés seulement par un état-major fédéral ?...

Entre le Rhin et les Pyrénées, nous ne sommes pas comme les Américains entre le Canada et le Mexique. La centralisation pour la défense est, malgré tout, une nécessité. Pour éviter qu'elle ne mette en péril les libertés locales, il convient de garantir aux gouvernements locaux un certain nombre de prérogatives.

Laissons de côté les honneurs dûs aux chefs d'État et qui les représentent comme chefs des forces de terre et de mer de leurs Etats respectifs.

Equipement, armement, instruction militaire, tout cela doit rentrer dans le droit de règlementation générale appartenant au pouvoir fédéral. De même, la nomination des officiers de tous grades et leur avancement. De même les Écoles militaires. De même le droit d'élever des forteresses partout où l'exige la défense.

Que restera-il donc aux autorités locales ?

Trois choses :

1° Droit de réquisition directe de la force armée en cas de troubles ou de violation de la Constitution, à charge par le gouvernement local d'en référer sur-le-champ au gouvernement fédéral, excepté si la cause des troubles provient d'une mesure inconstitutionnelle que ce dernier chercherait à imposer.

2° Droit d'agréer en temps de paix la nomination du commandant en chef qui serait en même temps ministre de la défense dans le territoire de l'Etat.

3° Droit de posséder respectivement une école spéciale militaire, école fédérale nécessairement, mais qui aurait pour but d'assurer par des officiers du pays le recrutement des officiers nécessaires aux corps de troupes locaux, au moins jusqu'au grade de capitaine en second.

Depuis que pour la France les colonies ne sont qu'un vaste champ d'épreuve où ses forces se perdent avec la vie de ses soldats, on parle constamment d'une armée coloniale dont le noyau serait formé d'hommes faits et tirés des troupes métropolitaines au moyen de primes ; et cette armée, composée des meilleurs soldats, serait destinée à les perdre peu à peu sous les climats les plus meurtriers.

On oublie donc deux choses :

Que des ennemis vigilants massent des forces considérables vers nos frontières de terre et de mer ;

Que la natalité en France étant excessivement faible,

il arrivera bientôt que nous ne pourrons opposer à des masses considérables que des armées inférieures en nombre.

Et cependant, l'Angleterre nous parle avec une suffisance hautaine, et l'Allemagne oppose tous les ans ses 540.000 conscrits aux 320.000 hommes de notre contingent.

Quand on examine le projet de M. Lannes de Montebello (1), que l'ancien rapporteur de la Commission de l'armée, M. le baron Reille, a proposé d'adopter, et que l'on étudie les deux projets de M. Cavaignac (2), ceux de MM. de Monfort et Laferronnays (3), de MM. Brincard et Bourlon de Rouvre (4), même celui que le gouvernement proposa sous les signatures de l'amiral Besnard, du général Billot et de M. Lebon (5), on est vite convaincu que ces divers projets s'accordent quant au fond. L'armée coloniale aura pour but : 1° d'assurer la garde et la défense des colonies et pays de protectorat ; 2° de pourvoir aux expéditions d'outre-mer ; 3° de participer à la garde et à la défense du littoral et des places maritimes ; 4° de concourir à la défense de la France en cas de guerre européenne. — Elle sera composé de trois éléments :

Troupes métropolitaines, comprenant principalement l'artillerie et l'infanterie de marine ;

(1) *Doc. parl.*, Ch. des Députés, année 1896, n° 1570.
(2) *Ibid.*, p. 163 et 392.
(3) *Ibid.*, n° 1569.
(4) *Ibid.*, n° 2022.
(5) *Ibid.*, n° 2063.

Troupes indigènes, composées surtout de tirailleurs ;

Troupes étrangères, formant une légion.

Mais quand il s'agit de savoir à quel ministère on la rattachera, l'accord n'existe plus :

Les uns, et avec eux la commission de l'armée en 1896 (1), préconisent le rattachement au ministère de la guerre.

Les autres préfèrent le rattachement à la marine.

Il en est aussi qui pensent, avec M. Fleury-Ravarin (2), qu'une solution est seule rationnelle : le rattachement au ministère des colonies.

Quand on songe que tant d'efforts ont été faits par des hommes réfléchis pour arriver à des projets que l'on sent défectueux, quand on comprend combien est grande cette présomption de vouloir que les troupes métropolitaines assurent la défense non seulement de la France, mais encore des colonies, l'on est douloureusement étonné de voir que la Chambre a prêté si peu d'attention à la proposition de loi faite par M. Grenier, en vue de la défense nationale (3).

M. Grenier est frappé de ce fait que les forces de la France ne tarderont pas à être insuffisantes pour lutter en Europe, et il ne veut pas que l'on diminue davantage ces forces en enlevant des troupes à la France pour les disperser dans les colonies; ce qu'il veut, au

(1) Voir le rapport fait au nom de la Commission de l'armée par M. le baron Reille, *Doc. parl.*, Chambre, n° 2160, p. 1612, annee 1896.

(2) « L'Armée coloniale », *Revue polit. et parl.*, 10 février 1898, p. 287.

(3) *Doc. parl.*, Chambre, n° 2324, p. 345, année 1897.

contraire, c'est que les troupes tirées des colonies assurent la défense locale et viennent, au besoin, renforcer les corps d'armée métropolitains.

Pourquoi ne pas voir que les colonies peuvent être des pépinières de soldats intrépides et d'excellents cavaliers? De plus, le régiment sera l'école où peu à peu, sous l'influence de nos idées, tout un ensemble d'aspirations communes pourra se développer. Pour ces motifs, M. Grenier insère dans sa proposition de loi le projet que voici :

1° Il est créé une armée coloniale au ministère de la guerre;

2° Cette armee coloniale sera composée de quatre corps d'armée;

3° L'organisation des corps d'armée coloniaux se rapprochera autant que possible de l'organisation des corps d'armée de la métropole;

4° L'armée coloniale sera chargée de la défense des colonies, mais devra en tout temps contribuer pour une part des plus importantes à la défense de la métropole;

5° Les quatre corps d'armée qui constitueront l'armée coloniale seront :

Le 19e corps, qui comprendra dans son territoire les départements d'Alger et d'Oran;

Le 21e corps, qui comprendra la province de Constantine et la Tunisie;

Le 22e corps, qui comprendra le Sénégal et le Soudan français;

Le 23e corps, qui comprendra l'Indo-Chine;

6° Les indigènes habitant toutes les colonies françaises sont soumis au service militaire obligatoire de vingt à cinquante ans ;

7° Ils pourront obtenir les emplois d'officiers, selon leurs talents militaires, leur science et leurs capacités.

On a souri de ce projet, probablement parce qu'on riait de son auteur... Il mérite cependant la plus grande attention, car, tôt ou tard, des circonstances critiques nous forceront d'appeler en Europe, sur nos champs de bataille, des armées entières tirées d'Afrique. Dès maintenant, il faut songer à réunir la plus grande somme possible de résistance et ne plus penser à répartir entre trois ministères : guerre, marine et colonies, la direction des troupes. Unité dans la défense ; unité dans l'armée, que cette armée soit appelée à combattre sur terre ou sur mer, dans la zone torride ou dans la zone tempérée. Contrairement à ce qu'a dit au Sénat le général Billot, dans la séance du 4 novembre 1892, il faut que l'homme qui tient l'épée de la France ait à regarder, non seulement au Nord et à l'Est, mais encore au Tonkin, en Cochinchine, au Cambodge, à Madagascar, au Soudan, au Dahomey, au Sénégal, aux Antilles. La tâche est immense, je le sais. Mais notre pays n'est pas seulement cette portion de l'Europe bouclée sur ses frontières entre les Vosges et l'Océan. Un homme, un seul ministre, doit avoir la haute direction de tout ce qui concerne l'organisation pour la guerre sur terre et sur mer, afin de trancher les conflits qui peuvent s'élever entre deux ministères, dont les attributions s'enchevêtrent souvent, surtout pour la défense des côtes, où le manque d'entente a produit jusqu'ici les pires résultats, soit en Corse, soit à Toulon ou dans le Cotentin.

Avec le service obligatoire pour tous, l'armée fédérale comprendrait trois portions dépendant toutes trois d'un même ministère, qui porterait le nom si général de ministère de la guerre. Ces trois portions seraient :

1° Les milices locales, dans lesquelles seraient appelés tous les hommes valides de dix-huit à quarante-cinq ans ;

2° Les corps d'armée régionaux, formés des contingents fournis par les États et comprenant tous les hommes appelés à vingt ans à faire un an de service, ainsi que les hommes qui tiennent à rester par voie d'engagements, surtout dans les armes qui nécessitent un long apprentissage, comme la cavalerie, la marine et l'artillerie ;

3° Les corps de troupe fédéraux, troupes d'élite composées des meilleurs soldats des corps d'armée régionaux et dont l'ensemble constituerait ce qu'on pourrait appeler la garde fédérale.

Milices et corps d'armée régionaux, destinés uniquement à la défense permanente, dépendraient, sous l'autorité du ministre de la guerre, d'un sous-secrétaire d'État qui serait celui de la défense nationale. Tout ce qui concerne la défense serait réservé à ce dernier : ouvrages fortifiés dans les montagnes ou sur le littoral, mines sous-marines ou autres, torpilleurs, gardes-côtes, que ce soit en France, en Algérie, dans les Antilles, au

Tonkin ou à Madagascar. Il serait aidé dans sa tâche par tous les ministres de la défense territoriale dans les États de la Fédération, et qui seraient, comme nous l'avons dit, les commandants des troupes dans chacun des États. C'est ce qui existe aujourd'hui en Tunisie, où le général commandant la division d'occupation est en même temps le ministre de la guerre dans le ministère tunisien. De plus, les corps d'armée des régions maritimes pourraient être commandés par des vice-amiraux.

Quoique placée, elle aussi, sous la haute autorité du ministre de la guerre, la garde fédérale dépendrait d'un sous-secrétaire d'État qui lui serait spécial, car son but immédiat serait autre que celui poursuivi par les corps régionaux. Comme l'armée coloniale que l'on veut organiser, elle tiendrait constamment en réserve des corps spéciaux ayant plein effectif, soit pour aller procéder à des occupations lointaines et urgentes, soit pour faire une guerre restreinte en pays éloignés, soit enfin pour servir des renforts aux corps d'armée régionaux en cas de guerre défensive. Elle ne ferait qu'un avec les vaisseaux de haute mer : autant que possible, matelots, fantassins, artilleurs, vivraient de la même vie. Elle serait enfin cette marine qu'il faut partout puissante pour protéger les nationaux, plus agressive que dissimulée, qui va droit à l'ennemi, qui veut frapper vite et frapper fort et qui tient en réserve, à bord de ses vaisseaux ou dans les ports qui sont ses points d'appui, des troupes d'élite toujours prêtes à un rapide débarquement et à une prompte conquête. Trois flottes et trois armées, ou, si l'on veut, trois flottes-armées la composeraient :

L'une pour opérer dans la région méditerranéenne ;

La seconde pour rayonner dans l'océan Atlantique ;

La troisième serait la flotte-armée de l'Extrême-Orient.

Toutes trois recruteraient leurs officiers parmi les meilleurs élèves des écoles supérieures de guerre et de marine ; de très grands avantages leur seraient assurés, et le ministre de la guerre devrait leur réserver la plupart des grades supérieurs dans les corps régionaux. Quant aux hommes, ils seraient pris surtout dans les régions autour desquelles chaque flotte devrait évoluer. Ainsi, la garde fédérale réunirait les soldats les plus solides avec les chefs les plus capables, sous n'importe quel climat. Elle serait certainement l'auxiliaire le plus utile du gouvernement fédéral pour diriger avec autorité les affaires étrangères.

CHAPITRE V

LES AFFAIRES ÉTRANGÈRES

Nulle part la compétence des Etats particuliers ne peut être plus restreinte que dans ces matières. La politique extérieure est essentiellement fédérale.

En Allemagne, l'empereur la dirige, le Bundesrath permet, le Reichstag approuve. Ainsi, dit l'art. 11 de la Constitution : « L'empereur représente l'empire dans les relations internationales; il déclare la guerre et fait la paix au nom de l'empire, conclut les alliances et autres conventions avec les Etats étrangers, accrédite et reçoit les envoyés diplomatiques. — Pour déclarer la guerre au nom de l'empire, le consentement du Conseil fédéral est nécessaire, à moins qu'une attaque ne soit dirigée contre le territoire ou les côtes de la Confédération. — Si les traités avec les Etats étrangers se rapportent à des objets qui appartiennent au domaine de la législation de l'empire, le consentement du Conseil fédéral est nécessaire pour leur conclusion, et l'approbation du Reichstag pour leur validité. »

En Suisse, « la Confédération a seule le droit de déclarer la guerre et de conclure la paix, ainsi que de faire avec les Etats étrangers des alliances et des traités, notamment des traités de douanes et de commerce (1). »

(1) Constitution, art. 8.

Aux Etats-Unis de l'Amérique du Nord, aucun des Etats ne peut conclure de traité d'alliance ni de confédération (1). Seul, le président a le pouvoir de conclure des traités sur et avec l'avis et le consentement du Sénat, pourvu que les deux tiers des sénateurs présents y consentent; de plus, il nomme les ambassadeurs et les consuls, toujours sur et avec l'avis et le consentement du Sénat (2).

Partout, au point de vue international, les Etats particuliers d'une fédération ont perdu toute individualité : il n'y a plus qu'un seul Etat, c'est l'Etat fédéral.

Sans doute, en Allemagne, les grands Etats du Sud paraissent avoir montré une certaine répugnance à disparaître ainsi. On leur fit des concessions. On décida (3) que les six représentants de la Bavière au Bundesrath, les quatre représentants de la Saxe, les quatre du Wurtemberg feraient partie de droit de la Commission des affaires étrangères où les autres Etats n'auraient chacun que deux représentants choisis tous les ans par le Bundesrath : de plus, la présidence de cette Commission fut laissée à la Bavière; enfin, on laissa aux trois royaumes de l'Allemagne du Sud ainsi qu'au grand duché de Bade leur représentation diplomatique, bien que leurs agents ne peuvent avoir qu'un titre nu.

Il semble qu'en Suisse, les cantons aient conservé une certaine individualité, même au point de vue inter-

(1) Constitution, chap. Ier, section 10, art. 1er.
(2) Constitution, chap. II, section 2, art. 2.
(3) Constitution, art. 8.

national. « Exceptionnellement, dit l'art. 9 de la Constitution, les cantons conservent le droit de conclure avec les Etats étrangers des traités sur des objets concernant l'économie publique, les rapports de voisinage et de police; néanmoins, ces traités ne doivent contenir rien de contraire à la Confédération ou aux droits d'autres cantons. » De plus, d'après l'art. 10, les rapports officiels entre les cantons et les gouvernements étrangers ou leurs représentants ne peuvent avoir lieu que par l'intermédiaire du Conseil fédéral. Toutefois, les cantons peuvent correspondre directement avec les autorités inférieures et les employés d'un Etat étranger, lorsqu'il s'agit des objets que nous venons d'énumérer.

De cette étude, que faut-il conclure? La France et ses colonies, devenues des Etats dans la Fédération, pourront-elles passer des conventions particulières avec les Etats étrangers, ou bien ce droit ne sera-t-il reconnu qu'à l'Etat fédéral dont elles ne seront que des parties?...

L'exemple de l'Angleterre, quoique non fédéralisée avec ses colonies, paraît donner le plus grand poids à l'exemple donné par la Suisse et ses cantons. Il ne s'agit, d'ailleurs, que des colonies anglaises à gouvernement responsable, le Cap, le Canada, la Nouvelle-Zélande, les colonies australiennes, Terre-Neuve. En principe, ces colonies sont représentées par la métropole vis-à-vis des autres Etats; mais elles ont aussi un pouvoir propre de relations internationales directes, sauf à ne l'exercer que sous le contrôle, d'ailleurs bienveillant, de l'Angleterre. C'est ainsi que, conformément à sa Constitution de 1867, le Canada peut conclure des conventions douanières qui lui sont spéciales, ce qu'il a fait avec la France le 6 février 1893. C'est ce qui explique également pourquoi ces diverses colonies ont été spécialement représentées lors de la signature de la convention de Bruxelles du 5 juillet 1890, portant création d'une Union internationale pour la publication des tarifs douaniers.

Si l'on admet que pour leurs douanes les divers Etats d'une Fédération française peuvent avoir une certaine autonomie, peut-être sera-t-il bon de leur concéder le droit de conclure avec les Etats étrangers certaines conventions commerciales, leurs rapports officiels avec les divers gouvernements ou leurs représentants ne pouvant avoir lieu, comme en Suisse, que par l'intermédiaire du gouvernement fédéral.

Mais les douanes sont les matières qui soulèvent chez nous les plus vives discussions. Il est bon d'être protectionniste : une Union douanière resserre les liens entre plusieurs Etats. Le Zollverein a fait l'Empire d'Allemagne. Puisse notre loi douanière du 11 janvier 1892 avoir le même avenir aussi grandiose, malgré ses imperfections et ses petites tyrannies !

CHAPITRE VI

LE COMMERCE

L'on dit : « C'est une entrave de plus ajoutée aux difficultés matérielles qui attendent le colon dans la mise en valeur du sol, que ces tarifs douaniers qui élèvent le prix des appareils et des machines nécessaires, diminuant ainsi l'importance de son capital, et par suite, restreignant l'efficacité des mesures qu'il comptait prendre ».

Elevons le débat. Faut-il, oui ou non, être protectionniste ? Le libre-échange est-il ou n'est-il pas plus propre à assurer la prospérité des peuples (1)?

Je ne chercherai pas à prouver le contraire de ce qui est : commercialement, matériellement, le libre-échange sort victorieux de toute discussion. Sans aucune barrière pour arrêter les produits, une division du travail rationnelle se ferait naturellement dans le monde : les régions les plus riches ou les mieux adaptées fourniraient tout ce qui est nécessaire aux besoins des peuples avec le minimum d'efforts. Tant pis pour les contrées les moins favorisées : pour elles, ce serait la ruine avec l'émigration ou l'extinction lente de la population.

Heureusement, pour la dignité de l'homme, que l'estomac n'est pas seul à dicter les lois. Les peuples peu-

(1) Voir Cauwès, *Traité d'économie politique*, livre IV, section Ire, chap. Ier.

vent avoir une autre destinée que celle qui consiste à débiter des kilomètres de cotonnade ou des tonnes de riz... L'idéal dans la vie doit être autre chose que des calculs culinaires et des besoins physiques satisfaits. Une nation n'est heureuse que grande, et elle n'est grande que par les sentiments qui élèvent l'esprit humain. On ne peut que rendre hommage à tous les peuples qui cherchent à protéger le travail national et qui luttent entre eux par leurs inventions, leurs découvertes, leurs monuments de toutes sortes, qui sont les étapes glorieuses de la marche en avant de la civilisation.

Parce que la France ne peut produire du blé à meilleur compte que les Etats-Unis, parce que l'Angleterre peut lui fournir des machines à meilleur marché, parce que l'Allemagne peut nous céder les produits de ses manufactures à des prix très réduits, elle devrait abandonner ses charrues, ses mines et ses forges, ses ateliers et ses fabriques ? A quoi pourrait-elle donc alors occuper les bras de ses ouvriers?...

Sans doute, les produits s'échangent contre des produits. En peu d'années, ses réserves qui, malgré tout, représentent des produits (et la loi libre-échangiste serait encore confirmée), ses réserves qui forment son capital seraient vite dissipées ; et n'ayant plus rien à donner aux commerçants étrangers, elle verrait s'éteindre sa population et végéterait lamentablement.

Qu'il n'y ait pas de douanes partout où c'est la France, soit!... Le libre-échange dans toute l'étendue d'un Etat est le moyen le plus propre à favoriser la prospérité nationale et à resserrer les liens des habitants entre eux. Mais à nos frontières d'Europe, d'Asie ou d'Afrique, il nous faut des douanes protectrices et non pas seulement fiscales.

Protection ne veut pas dire prohibition.

C'est le commerce raisonné, c'est l'ensemble des relations voulues d'un peuple avec les autres peuples qui lui paraissent les moins dangereux ou les plus sympathiques.

Ce n'est plus l'isolement ; c'est l'alliance partielle avec qui l'on veut et pour ce que l'on veut.

Ce n'est plus un marché de dupes, l'avance faite emporte avec elle la garantie.

Examinons la loi du 11 janvier 1892 qui tend à établir une Union douanière entre la France et ses colonies.

« Il n'est jamais entré dans la pensée d'un être raisonnable », écrivait Jules Ferry (1), « de transporter en bloc les tarifs de la métropole dans les colonies françaises, sans tenir compte ni des distances, ni des climats, ni de l'infinie variété de ce lointain domaine dispersé dans toutes les parties du monde, sous toutes les latitudes habitables. Cette conception étroite, absolue, radicale, n'a point été celle du Parlement; c'est la caricature du régime nouveau, ce n'en est point la saine et loyale application. Par le quatrième paragraphe de l'article 3, la porte est toute grande ouverte aux

(1) Cité par Girault, *Législation coloniale*, p. 531.

exceptions nécessaires. En somme, chaque colonie aura son tarif spécial ».

Le paragraphe 3 de cet art. 3 pose en principe :

« Les produits étrangers importés dans les colonies, les possessions françaises et les pays de protectorat de l'Indo-Chine, sont soumis au même droit que s'ils étaient importés en France. »

Là est la barrière opposée à l'étranger.

Le paragraphe 4 du même art. 3 ouvre toute grande la porte aux exceptions nécessaires :

« Des décrets en forme de règlements d'administration publique, rendus sur le rapport du ministre du commerce, de l'industrie et des colonies, et après avis des conseils généraux ou conseils d'administration des colonies, détermineront les produits qui, par exception, seront l'objet d'une tarification spéciale ».

Un second principe est établi par l'art. 5 :

« Les produits originaires d'une colonie française importés dans une autre colonie française ne paieront, de même que les produits métropolitains, aucun droit de douane. Quant aux produits étrangers importés d'une colonie française dans une autre colonie française, ils seront assujettis dans cette dernière au paiement, s'il y a lieu, de la différence entre les tarifs spéciaux de l'une et l'autre colonie ».

Ainsi, plus de douanes intérieures. Et cette règle complétant la première, qui oppose partout aux produits étrangers des tarifs identiques, l'union est à peu près parfaite quant au régime douanier.

Je laisse de côté l'octroi de mer, qui pèse à la fois

sur les produits français et les produits étrangers, dans le but d'augmenter les ressources fiscales. Un jour, peut-être, on posera le problème fiscal d'une tout autre façon permettant d'établir d'autres règles et d'abolir tous les octrois, derniers restes du vieux temps.

Je tiens à demeurer sur le terrain strictement douanier, et ne voudrais voir que sagesse dans cette loi du 11 janvier 1892 qui englobe les colonies et la France dans le même régime, en permettant toutefois d'établir des tarifs spéciaux.

Mais il est malheureux qu'elle n'ait pas été beaucoup plus libérale à l'egard des colonies. Pour l'établissement de ces tarifs spéciaux, que dit en effet le paragraphe 4 de l'art. 3 ? — Les conseils coloniaux ne peuvent donner que leur avis ; les ministres du commerce, de l'industrie et des colonies font leurs rapports ; le Président de la République décrète après que le Conseil d'Etat a été entendu.

Qu'est-il arrivé ? — Le Gouvernement et le Conseil d'Etat ont été bien plus préoccupés de faire une œuvre qui répondît aux vœux des grands producteurs métropolitains que de tenir compte des avis exprimés par les conseils locaux. Là est le point faible de la loi. On aurait pu laisser aux colonies un peu du droit que donnait aux Antilles et à la Réunion le sénatus-consulte du 4 juillet 1866, par son art. 2 ainsi conçu : « Le Conseil général vote les tarifs d'octroi de mer sur les objets de toute provenance, ainsi que les tarifs de douane sur les produits étrangers, naturels ou fabriqués, importés dans la colonie. — Les tarifs de douane votés par le Conseil général sont rendus exécutoires par décret, le Conseil d'Etat entendu ». On aurait pu ajouter à ce texte : « et le ministre du commerce ayant approuvé. »

Si l'on admet le principe fédératif, il faut reconnaître aux colonies le droit de voter elles-mêmes leurs tarifs spéciaux. Consultées, la Réunion et les Antilles n'eussent pas consenti l'abrogation pure et simple de l'art. 2 du sénatus-consulte du 4 juillet 1866 qui leur donnait l'autonomie douanière. C'est que d'un droit de douane dépend la prospérité d'un pays, mieux que cela, sa subsistance. Tel tarif douanier qui sera bon pour la France peut être désastreux pour l'Indo-Chine. Ce n'est pas à coups de lois et de décrets que l'on peut s'opposer à des courants commerciaux, tant qu'on n'a rien fait dans la pratique pour les détourner. Nos commerçants et nos industriels se plaignent. Le commerce de la France décroît. A qui la faute? Au lieu d'attendre que le client vienne chez eux, que ne vont-ils au-devant de lui comme font les commerçants et les industriels étrangers !... Au lieu de vouloir imposer leurs marchandises au goût des acheteurs, pourquoi ne cherchent-ils pas à mieux connaître les besoins, les coutumes, les goûts de ceux avec qui ils veulent négocier ?... Aide-toi, le ciel t'aidera. — Américains, Japonais, Suisses, Allemands, Anglais, tous vont loin de chez eux étudier les peuples, s'enquérir de leurs besoins, deviner leurs goûts. Leurs manufactures s'efforcent de réaliser les desiderata dans la fabrication et le bon marché. Le Français seul s'obstine à faire à son goût et à vendre cher. Les colonies sont donc en droit de se dire ce que se disent les peuples étrangers : « Puisque la France ne tient à fabriquer que pour elle, qu'elle garde aussi pour elle la totalité de ses produits ».

La loi du 11 janvier 1892 ne doit pas être ce que quelques-uns en attendent, c'est-à-dire un nouveau pacte colonial (1), gros de conséquences désastreuses, bien plus propre à révolter les colons contre les tendances oppressives du commerce métropolitain, qu'à réunir dans une même pensée d'union et de travail les différentes parties du territoire français. Cette loi ne doit rester que ce qu'elle est actuellement : une simple auxiliaire destinée à aider tous ceux qui dans les colonies s'efforcent de créer des courants commerciaux de plus en plus actifs entre elles aussi bien qu'entre la France et elles.

Si l'on ne veut reconnaître le droit d'établir des tarifs spéciaux aux colonies dont l'étendue est trop peu importante, on pourrait le leur garantir si elles sont groupées en fédérations particulières et régionales. Isolées, la Guadeloupe et la Martinique ne peuvent être, j'en conviens, que des dépendances du commerce américain. A côté d'elles, riche, mais déserte, la Guyane végète ou plutôt elle se meurt. Qu'un même Parlement colonial les unisse : elles pourront adopter des dispositions économiques d'où sortira la prospérité pour chacune de ces colonies.

(1) M. Chailley-Bert, à son cours (Ecole des Sciences politiques).

Quelle serait la part d'attributions douanières laissée à chacun des Parlements coloniaux ? La loi du 11 janvier 1892 nous l'indique elle-même, en spécifiant qu'il y aura deux tarifs de douanes : le tarif général et le tarif minimum. Au Parlement fédéral serait accordé le droit de fixer ces deux tarifs pour toute la Fédération. Mais chacun des Parlements coloniaux, libre de se mouvoir entre ces deux tarifs, pourrait établir un tarif spécial qui ne serait ni supérieur au tarif général ni inférieur au tarif minimum.

Il n'est permis aujourd'hui d'être libre-échangiste que pour toute l'étendue d'un même territoire douanier. La Russie, les Etats-Unis, l'Angleterre elle-même, entraînée par ses colonies, tous les Etats veulent favoriser la production nationale et lutter ensuite sur les marchés ouverts des contrées nouvelles ou des nations affaiblies.

La lutte dans la vie des peuples se manifeste moins qu'autrefois par la force des baïonnettes ou la puissance des canons : elle devient surtout une lutte commerciale ; les armes sont surtout les outils, le but est d'éteindre les feux des forges concurrentes et de ruiner les industries rivales.

C'est pourquoi la réglementation des consulats à l'étranger, la protection de la marine marchande, la législation commerciale, les institutions propres à favoriser le commerce et l'industrie, la direction des grands travaux publics doivent appartenir au gouvernement fédéral.

Mêmes monnaies, mêmes poids, mêmes mesures, avec des tempéraments pour les pays qui sont en relations très étroites avec de puissants Etats voisins. Ainsi, en Cochinchine, quoi qu'on ait fait pour imposer la pièce de 5 francs française, les habitants préfèrent la piastre mexicaine, car leur commerce se fait non pas avec la France, mais avec la Chine où seule la piastre mexicaine est acceptée.

Même législation sur les chemins de fer, les grandes routes, les grandes lignes de navigation. Malgré son particularisme, la Bavière reconnaît que ses chemins de fer forment avec les autres chemins de fer allemands un réseau unitaire, et l'Empire est investi vis-à-vis d'elle, en vertu de l'article 46 *in-fine* de la Constitution de 1871, du droit d'établir, sous forme de lois, des règles uniformes pour la construction et le fonctionnement des chemins de fer de nature à contribuer à la défense nationale.

Même législation sur les postes, les télégraphes et tous autres moyens rapides de communication. L'exemple de la Bavière et du Wurtemberg en Allemagne montre bien qu'il peut être cédé sur quelques points au particularisme local sans que les principes généraux de la législation en souffrent. A l'empire seul, dit l'art. 52 de la Constitution, appartient la législation sur les privilèges de la poste et des télégraphes, sur les relations juridiques de ces deux institutions avec le public, sur les franchises et les taxes postales, à l'exception toutefois des dispositions règlementaires et des tarifs applicables aux communications qui s'échangent dans l'intérieur de la Bavière et du Wurtemberg, et à la fixation dans les mêmes limites des droits à percevoir sur les correspondances télégraphiques. De même, le règlement des communications postales et télégraphiques avec l'étranger appartient à l'empire, excepté pour les communications directes de la Bavière ou du Wurtemberg avec un Etat voisin ne faisant pas partie de l'empire.

Mêmes lois commerciales dans l'intérêt des relations plus rapides. Dans tous les pays, les commerçants ont un même but : gagner ; un même idéal : s'enrichir. Ils peuvent se plier aux mêmes lois pour tout ce qui concerne les obligations, les effets de commerce : lettres de change, billets à ordre, etc., les droits d'auteur : brevets d'invention, marques de fabrique, dessins et modèles industriels propriété littéraire et artistique. Aux Etats particuliers doivent appartenir la législation civile et la législation criminelle, car aucun peuple ne doit être forcé d'obéir à des lois contraires à ses croyances. Ainsi, les peuples annamites ou musulmans.

Mêmes lois pour tout ce qui touche à l'émigration et à l'établissement d'un citoyen sur quelque partie que ce soit du territoire fédéral, les droits politiques fédéraux subsistant en quelque lieu qu'on se trouve, les droits politiques locaux s'acquérant d'après la législation de chaque Etat.

Mêmes tendances à faire naître dans le mouvement des esprits par la convergence vers un même but des divers programmes de l'enseignement. Ici, le particularisme opposera le plus de résistance, et c'est pourtant sur ce point que devront porter les efforts de la Fédération. En 1848, la Constitution helvétique ne permit au gouvernement fédéral que d'entretenir une Université ; aujourd'hui, il a dans ses attributions l'enseignement supérieur, et même il s'efforce d'y faire entrer la règlementation de l'instruction primaire, malgré que le peuple, en 1882, ait rejeté une loi portant nomination d'un secrétaire pour cet enseignement. Ce proverbe chinois est vrai dans tous pays : « Les lois, la force répriment pour un temps, l'enseignement seul enchaîne pour jamais (1). — « Former une nouvelle génération », dit-on en Amérique, « c'est créer un nouveau peuple ». — Or, nous avons fait très peu pour l'éducation des indigènes dans nos colonies. Les écoles annamites et les zaouias arabes nous sont plutôt hostiles et possèdent d'ailleurs le plus d'influence. En Tunisie, cependant, l'enseignement du français, et par suite des idées modernes, prend chaque jour une plus grande extension. On a bien créé des écoles uniquement françaises partout où les colonies d'Européens étaient assez nombreuses pour que le besoin s'en soit fait sentir. Mais en outre, on dirait qu'il y a tendance à faire dans l'enseignement ce qu'on a déjà fait dans l'administration, c'est-à-dire doubler le personnel, établir un personnel français à côté du personnel indigène. Le collège Sadiki, à Tunis, donne aujourd'hui les meilleurs résultats, et c'est ainsi que sans secousse, sans bruit, sans crainte d'amener ce qu'on appelle chez les Indiens le déséquilibrement cérébral des Babous, on parvient peu à peu à établir

(1) Cité par Girall, *op. cit.*, p. 316.

les meilleures relations entre les derniers venus et les premiers occupants. Le fils du Cheik-ul-islam lui-même a tenu à apprendre le français.

Cet exemple de la Tunisie autonome, aujourd'hui si prospère, montre combien il est bon de respecter ce qui tient le plus au cœur des populations, en même temps combien il est facile d'amener le progrès là où l'on ne croit découvrir que stagnation. C'est pourquoi, relativement à l'instruction publique, il ne faudrait pas accorder des pouvoirs absolus au gouvernement fédéral ; à lui de s'entendre avec les autorités locales pour faire éclore peu à peu cet ensemble d'idées qui fait une nation unie et par suite puissante.

CHAPITRE VII

ESQUISSE DU BUDGET FÉDÉRAL

Ainsi donc, affaires étrangères, défense, commerce, le commerce étant pris dans son acception la plus large de relations amicales et impliquant un droit d'intervention dans l'instruction publique, tels seraient les trois points sur lesquels les efforts de la Fédération devraient tous se porter.

Assurément, les douanes ne pourront subvenir à elles seules aux dépenses nécessaires. Essayons à grands traits de figurer l'esquisse du budget fédéral.

Aux dépenses, tout ce qui a rapport à la marine et à l'armée formerait le total le plus considérable. Ce serait à peu près ce qu'il faut à la France aujourd'hui, c'est-à-dire 300 millions pour la marine et 650 millions pour l'armée de terre, soit 950 millions, ou mieux 1 milliard. — Le chiffre des affaires étrangères serait aussi le même que celui de la France ; et par suite, ce serait chaque année une dépense de 15 millions trois cent mille francs. — Pour tout ce qui concerne le commerce, 50 millions seraient peut-être suffisants. — Quant aux dépenses nécessitées par l'instruction publique et toutes les questions d'ordre intérieur, grossissons quelque peu le chiffre des dépenses du ministère des colonies, pour arriver à 150 millions. — Le chiffre des dépenses au budget fédéral serait donc à près de 1 milliard 200 millions.

Aux recettes, les douanes donneront plus ou moins, suivant la bienveillance des Parlements locaux pour des tarifs réduits. La France seule retirant aujourd'hui de ses douanes plus de 400 millions, il est probable que la Fédération aurait de ce côté au moins 500 millions de ressources annuelles. — Sans nous arrêter aux postes, télégraphes, chemins de fer, qui, bien que soumis à la règlementation fédérale, pourraient être laissés comme sources de revenus aux budgets locaux, sans vouloir rechercher ce que pourrait devenir une banque fédérale, arrivons aux monopoles qu'on pourrait établir sur tous les produits contraires à la santé : le tabac, l'alcool, l'opium. — Le monopole du tabac pourrait être étendu, le monopole de l'opium autrement établi, et celui de l'alcool tout au moins essayé. Les ressources ici pourraient être abondantes. En France, le tabac produit bien chaque année 350 millions de bénéfice net. On pourrait le monopoliser en Algérie comme en France, et dans les autres colonies tout aussi bien qu'en Algérie. La régie ottomane des tabacs a fini par s'imposer dans un pays tel que la Turquie. De fait, le monopole existe en Angleterre. L'Allemagne, où Bismarck louait si fort le monopole français, finira bien par l'obtenir.

Pour arriver à balancer le chiffre des dépenses, le gouvernement fédéral pourrait, à chaque Etat, réclamer une contribution directe. Cette contribution aurait un autre but : corriger ce qu'il y aurait d'injuste dans la répartition des charges entre les Etats dont les tarifs de douane ne seraient pas égaux.

Cette contribution serait donc calculée de telle sorte qu'elle serait à la fois en raison directe de la population et en raison inverse de la charge moyenne établie sur chaque habitant, dans chaque Etat, pour chacun des tarifs douaniers.

Cette contribution existe en Allemagne. Le Chancelier a le droit d'imposer un contingent matriculaire aux divers Etats. « Sont employés d'abord aux dépenses communes », dit l'art. 70 de la Constitution, « les excédents de l'année précédente, puis les recettes communes dérivant des douanes, des taxes de consommation communes, et des postes et télégraphes. Si ces recettes ne suffisent pas à couvrir les dépenses, il y est pourvu, tant qu'un impôt nouveau n'est pas créé, par *une contribution imposée à chacun des Etats* de la Confédération, proportionnellement à sa population, et fixée jusqu'à concurrence des besoins du budget par le chancelier de l'Empire ».

De même en Suisse, si les autres ressources ne suffisent pas, les dépenses de la Confédération sont couvertes, dit l'art. 42 de la Constitution, « par les contributions des cantons, que réglemente la législation fédérale, en tenant compte surtout de leur richesse et de leurs ressources imposables ».

Cette contribution évaluée tous les ans serait inscrite au budget, et le budget ne serait arrêté que par une loi fédérale au commencement de chaque exercice.

Dans les cas de besoins extraordinaires où la contribution serait trop lourde pour pouvoir être supportée par les Etats particuliers, une loi fédérale pourrait autoriser le gouvernement fédéral, soit à contracter un emprunt, soit à se charger de garanties pour obtenir les fonds nécessaires à l'Etat (1)

Quels seront les organes de ce gouvernement? Avant de les déterminer, il convient de poser les principes d'une législation électorale qui se base sur la souveraineté du peuple pour garantir aux ayant-droit les prérogatives du citoyen.

(1) Ainsi, Constitution de l'empire allemand, art. 73.

CHAPITRE VIII

SOUVERAINETÉ DU PEUPLE ET LÉGISLATION ÉLECTORALE

« Tous les hommes naissant libres et égaux en droits, le principe de toute souveraineté réside essentiellement dans la Nation (1) ».

« La souveraineté est une, indivisible, inaliénable et imprescriptible (2) ».

« Elle n'appartient pas en propriété à la génération présente qui, nécessairement et légitimement, en a le libre exercice, mais simplement l'exercice; elle appartient à la Nation incarnée dans l'Etat, c'est-à-dire à la série des générations successives ; elle appartient aux hommes de demain comme aux hommes d'aujourd'hui. C'est un dépôt sacré que les générations se transmettent l'une à l'autre (3) ».

Si la souveraineté est une, indivisible, n'est-elle pas cependant divisée dans les Etats fédératifs?... — Non, la volonté générale s'exprimant par la loi (4) peut fort bien désigner, pour exercer le pouvoir, des organes spéciaux, des rouages distincts. A des institutions lo-

(1) Déclaration des Droits de l'Homme, art. 1 et 3.

(2) Constitution de 1791, titre III, art. 1er.

(3) Esmein, « Eléments du droit constitutionnel », *La Souveraineté nationale*, p. 171.

(4) Déclaration des Droits de l'Homme : « La loi est l'expression de la volonté générale ».

cales, elle peut bien confier le soin des intérêts locaux, et réserver à un gouvernement commun, à des institutions fédérales, le soin des intérêts généraux. La souveraineté n'en demeure pas moins dans le corps de la nation; elle y est inaliénable autant qu'indivisible. Cela est si vrai qu'au point de vue du droit, personne ne conteste qu'une Constitution tombe devant l'insurrection victorieuse (1). En Suisse, où la démocratie coule à pleins bords, où l'on tend chaque jour davantage à faire accorder les institutions avec les principes du droit; en Suisse, tout le monde se range à la doctrine exprimée par ces mots inscrits dans la Constitution cantonale du pays (2) d'où partit le premier cri d'indépendance : « La souveraineté réside dans le peuple; il se donne lui-même sa constitution et ses lois; lui-même choisit ses chefs ». Et c'est cette doctrine que les peuples acceptent au fur et à mesure que l'instruction se répand; et c'est elle qui fait la grandeur des nations.

Inaliénable, la souveraineté ne peut se déléguer. De même qu'on ne peut disposer que d'une chose dont on a la propriété, de même le corps électoral d'aujourd'hui ne peut lier la volonté du corps électoral de demain. Car la souveraineté consiste essentiellement dans la volonté générale (3). Et c'est pourquoi sont conformes aux principes du droit le mandat impératif, le referendum et le droit pour le peuple de dissoudre une Assemblée ou de révoquer un fonctionnaire.

(1) Esmein, *op. cit.*, p. 410.
(2) Constitution d'Uri.
(3) J.-J. Rousseau, *Contrat social*, livre III, chap. XV.

Mais nul ne peut nier que des institutions excellentes en soi peuvent être incommodes et même dangereuses, par leur venue précoce ou leur mécanisme défectueux. Cela peut expliquer pourquoi la plupart des Constitutions actuelles condamnent le mandat impératif, pourquoi le referendum ne vit et ne se développe qu'en Suisse et aux Etats-Unis de l'Amérique du Nord; pourquoi la Constitution fédérale helvétique de 1874 n'a pas osé donner au peuple le droit de dissoudre l'Assemblée fédérale, droit reconnu cependant dans plusieurs constitutions locales relativement aux Assemblées législatives des cantons.

Avec l'instruction, les peuples s'assagissent. Telle institution qui serait aujourd'hui une cause de désordre, pourra être demain un modèle de sagesse et de modération. En France, les plébiscites ont été dangereux.

C'était l'époque où nos villages et nos villes comptaient trop peu d'écoles ; le gouvernement central pouvait annihiler toutes les volontés ; nul ne pouvait s'abriter derrière les institutions locales, car les institutions locales étaient dans la main du gouvernement. Depuis 1870, ou plutôt depuis que les lois scolaires ont permis aux nouvelles générations d'apporter plus d'éléments instruits dans la masse des électeurs, les idées démocratiques s'étendent chez nous chaque jour davantage. En bien des lieux et dans les partis politiques les plus opposés. on lutte de plus en plus contre ce qu'il y a d'excessif dans notre centralisation gouvernementale, de plus en plus l'on réclame une entière liberté aux communes en matière fiscale comme en matière scolaire, afin de donner aux électeurs les droits considérables que peut comporter un referendum municipal (1). Fatalement, ce referendum entrera dans nos mœurs, et plus tard, l'on parlera du referendum national pour en obtenir l'application.

La sagesse du gouvernement suisse dépend peut-être du controle exercé sur ses actes par le peuple. Dans ce pays, le referendum est essentiellement conservateur ; il ne veut pas de réformes dont il ne comprenne l'utilité. Tous les hommes politiques le savent : ils laissent faire le temps, les écoles, les conférences publiques, les associations.

Il en est de même dans tous les pays où un souffle puissant agite les masses. Si la démocratie fait les grands peuples, l'instruction seule est la base de la démocratie : car c'est elle qui entraîne les individus vers les grandes pensées et qui développe jusqu'au bout les institutions humanitaires. C'est elle qui a fait l'Allemagne, qui fait si grande cette petite Suisse sur les sommets des Alpes, si forte cette fédération américaine en travers des vieux mondes, si prospère les colonies britanniques du Canada et de l'Australie.

Là où l'instruction est largement répandue, toute forme d'oppression tend à disparaître. Les femmes elles-mêmes s'attachent aux idées les plus sérieuses. Puisque les hommes apportaient l'énergie la plus brutale dans la lutte pour la vie, elles se sont groupées

(1) Le referendum municipal est demandé autant par un certain nombre de radicaux et par les socialistes que par beaucoup de modérés comme M. Paul Deschanel et M. Charles Benoist.

autour de ces questions : protection des enfants et des femmes, organisation des hôpitaux et asiles, secours de charité sous toutes formes, tempérance ; elles ont fondé de puissantes associations féministes, dont quelques-unes servent de traits d'union aux peuples de race anglo-saxonne et qui peut-être sont les premiers indices de la Greater Britain alliée aux États-Unis de l'Amérique du Nord, car les femmes sont unionistes en Angleterre, comme elles sont fédéralistes en Australie ; enfin, reconnaissant que leurs efforts ne peuvent aboutir qu'à la condition d'être soutenus par les institutions politiques, elles ont revendiqué la plénitude des droits électoraux. Ces droits leur ont été reconnus en Amérique dans les États de Colorado, Utah, Wyoming ; en Australie, dans les colonies de Nouvelle-Zélande et de Sud-Australie.

Pourquoi les femmes ne voteraient-elles pas? La loi doit être l'expression de la volonté générale. Or, la volonté générale est la résultante des volontés particulières exprimées par les votes. La femme a une volonté.

On peut faire l'objection qu'elle n'est pas faite pour la lutte et que sa place est au foyer de la maison.

Dans les contrées parcourues par des tribus souvent en guerre les unes contre les autres, les guerriers seuls font les lois et choisissent les chefs, les hommes seuls peuvent être guerriers.

Mais les nations modernes sont loin de ressembler aux tribus primitives. A la simple lutte des corps se substitue lentement la lutte complexe des intelligences.

Les plus capables aujourd'hui ne sont pas les plus grands de taille ni les plus forts de muscles. Peu à peu, la femme prend sa place parmi les combattants dont les armes sont des idées.

L'âge peut faire présumer la capacité ; mais la capacité réelle est seule le fondement du droit de vote.

Dans les pays où chaque village a son école, où l'on peut écrire et parler librement, on peut, sans trop d'erreur, reconnaître capable l'universalité des habitants qui ont atteint un certain âge. Dans ces pays, d'ailleurs, le suffrage universel, idée simple, traduction d'un sentiment de justice instinctive, s'impose à tout le monde.

Il n'en est pas de même dans les pays où les écoles sont rares, particulièrement dans nos colonies.

A l'égard d'elles, la France trop souvent n'a fait preuve de volonté que par intermittences, oubliant beaucoup trop que les institutions ne sont utiles et durables qu'autant que les transitions sont suffisamment ménagées et que la forme nouvelle se trouve déjà en germe dans la forme antérieure.

Chez des peuples récemment amenés dans le courant de notre civilisation, les droits politiques ne doivent être reconnus que progressivement à tous ceux dont les cerveaux s'orientent vers les idées modernes et qui font preuve d'une instruction suffisante pour pouvoir revendiquer les droits du citoyen.

Mais, au lieu d'avoir cette énergie patiente, nos législateurs n'ont agi que par des coups de tête, héroïques sans doute, mais toujours désastreux, basant leurs réformes moins sur le droit que sur des sentiments.

« Les israélites indigènes d'Algérie seront Français », dirent-ils en 1870, dans le décret du 24 octobre.

La situation créée par ce décret devint bientôt si grave que Crémieux lui même fut effrayé de son œuvre. Le 23 novembre 1870, il télégraphiait de Tours, la dépêche suivante :

« Justice à commissaire extraordinaire, Alger.

« Vos observations relatives à la présence des israélites sont sages. Invitez très confidentiellement les maires à omettre sur les listes ceux des israélites indigènes qui ne réclameront pas ou que leur éducation exceptionnelle n'y appelle pas naturellement. Il faut un commencement. Le principe est sauf. Une pratique habile le fera passer dans les mœurs avec le temps (1). »

Mais le mal était fait. Violer ainsi le droit en accordant en bloc les droits de citoyen à tout un ensemble d'hommes dont les mœurs et les coutumes montraient clairement l'incapacité de répondre pour le moment aux aspirations humanitaires des nations modernes, c'était vouloir ce qui s'est fait depuis : l'action des consistoires dans les élections, la vente des votes à bureau ouvert, les votes multiples, conséquence d'un état civil insuffisant. C'était décider que la population musulmane se révolterait contre nos institutions. « Sous

(1) Cité par M. Samary à la Chambre des Députés, dans la séance du 19 février 1898. Voir *Journal officiel*, débats Chambre, p. 778.

la domination du sabre, passe encore ; sous celle des juifs, jamais (1) ! »

Combien d'effets funestes a eus en Algérie cette domination qui vend très cher son influence, les événements qui se succèdent, les scandales qui se font jour, les discussions qui en découlent, tout nous les montre, tout fait bien ressortir l'injustice criante avec laquelle nous avons agi à l'égard des musulmans.

Non moins scandaleuse est la parodie du suffrage universel que nous laissons se faire au Sénégal et dans l'Inde.

Dans ces deux colonies, les indigènes peuvent voter soit dans les élections locales, soit dans les élections législatives.

Le droit de voter leur a été reconnu en 1848 ; depuis cette époque, « les indigènes du Sénégal et des établissements français de l'Inde justifiant d'une résidence de plus de cinq ans dans les dites possessions (2) », sont dispensés de toutes preuves de naturalisation, et, par suite, sont admis à voter.

Ainsi donc, une simple résidence a été aux yeux du législateur une preuve suffisante de capacité pour reconnaître à tout indigène le droit d'être électeur, et, par suite, éligible. On ne peut s'expliquer une pareille détermination à l'égard de pays où le manque d'écoles prouvait évidemment le manque d'instruction. Les choix

(1) Paroles d'El-Mokrani, le chef de l'insurrection kabyle en 1871.

(2) Instruction du 27 avril 1848, art. 6.

ont été tels dans les élections locales qu'un décret (1) est intervenu, déclarant que pour être nommé conseiller général ou conseiller local dans ces deux colonies, il faut savoir parler, lire et écrire le français.

Les élections sont d'ailleurs édifiantes.

Au Sénégal, on a vu dans les rues de Saint-Louis des chars à bancs pleins d'indigènes ivres allant au vote en articulant toutes sortes d'injures, en criant même : « A bas la France ! » Lors des dernières élections législatives, on a vu des bandes d'électeurs se diriger vers les salles de vote conduits par des chefs et tenant chacun à la main un bulletin du candidat pour qui ils devaient voter, bulletin dont on venait de leur faire la distribution. On a vu des bandes d'enfants, postés dans les fossés de la route par le candidat adversaire, se précipiter tout à coup sur les bandes d'électeurs qui passaient, arrachant à ces derniers les bulletins de vote qu'ils tenaient à la main pour leur donner ensuite les bulletins de l'autre candidat, ce qui forçait les partisans du premier à vérifier devant les salles de vote les bulletins que portaient leurs électeurs.

Dans l'Inde, mieux encore. Pour les élections des Conseils locaux, le suffrage universel, établi en dépit des principes du droit, a eu pour correctif un expédient curieux et qui serait injuste si le suffrage universel était, dans ce pays, bien sincère. D'après le décret du 26 février 1884, la population électorale est divisée en trois catégories :

(1) Décret du 24 février 1885.

Les Indiens qui ont conservé leur statut personnel ;

Les renonçants ou naturalisés français ;

Les Français ou descendants de Français.

Quel que soit le nombre des votants, chacune de ces trois catégories a droit au tiers des représentants.

Quand il s'agit d'élire un député, forcément une seule liste doit être formée, et sur 65,125 votants, on compte 63,000 Indiens, 1,500 renonçants et 625 Français ou descendants de Français.

On a contesté le droit de voter aux Indiens non renonçants, surtout quand le décret du 21 septembre 1881 vint déclarer que « par le fait de la renonciation à leurs us et coutumes, les Indiens seraient régis par les lois civiles et politiques applicables aux Français dans la colonie ». Ce texte pouvait donner à croire que les non-renonçants n'étaient pas régis par les lois politiques françaises, et telle fut l'interprétation émise par quelques journaux. Mais le gouvernement, par une note parue dans le *Journal officiel* du 4 novembre 1881, rectifia cette interprétation et déclara que tous les Indiens de nos colonies jouissaient du droit électoral, qu'ils eussent ou non renoncé à leur statut A propos de l'élection de M. Pierre Alype à la Chambre des députés, en 1881, le même principe a été reconnu et consacré par la validation de l'élection à laquelle avaient pris part nombre d'Indiens non renonçants. La Cour de cassation ne pouvait aller contre, et, dans son arrêt du 6 mars 1883, elle a reconnu la législation électorale que l'on applique à l'Inde.

Une loi, cependant, devrait intervenir, non pas pour

enlever les droits politiques aux électeurs actuels, mais pour qu'à l'égard des nouvelles générations la base de l'électorat soit établie non sur l'âge ou la résidence, mais seulement sur la capacité. Car les abus sont des plus évidents.

Le sort de l'élection dépend des chefs de caste, qui exercent dans l'Inde la plus complète autorité.

S'agit-il d'écarter un certain nombre de personnes que l'on juge dangereuses ?... Le jour du vote, on les surprend, on les bâillonne, on les hisse dans une sorte de légère voiture nommée djurka ; et la voiture, emportée par les chevaux lancés à fond de train, ne s'arrête qu'en pleine campagne, à 40 ou 50 kilomètres, où les personnes enlevées se voient enfin relâchées...
... Détail curieux : des agents de la police locale aident à l'accomplissement de cette belle manœuvre. Et c'est ainsi que des électeurs enlevés ne peuvent regagner leur domicile que le lendemain du vote, quand les opérations électorales sont terminées.

A l'égard de la foule, on use de moyens moins compliqués et d'arguments plus frappants. Les chefs de caste recrutent un certain nombre d'individus forts de muscles et maniant le bâton. Ce sont des bâtonistes que l'on charge du soin d'assurer le succès du candidat choisi. Inutile d'exposer son programme ou de défendre ses idées ; des banquets très copieux et surtout très fréquents sont mieux goûtés par ces baroques électeurs. — Le jour de l'élection arrive. C'est une levée en masse de bâtons. Le candidat qui dispose du plus grand nombre est sûr de son succès. Le maire, ami des chefs de caste qui composent ses comités, a préparé la veille un procès-verbal de scrutin et désigné les assesseurs, sans tenir compte de l'ordre du tableau. Dès le matin, le bureau du vote est assailli ; les assesseurs désignés par le maire s'en emparent, les conseillers qui devraient être aux urnes protestent ; les bâtonistes de l'un et l'autre parti s'avancent ; la mêlée devient générale ; le plus fort au bâton reste maître de la place et des urnes. — Cependant, les bâtonistes veillent aux abords des sections Pris de gin, « gavés de vache morte », des bandes de gens figurant les électeurs circulent en voiture d'une section à l'autre. Bref, le soir venu, le procès-verbal, signé la veille, porte les quatre cinquièmes des inscrits à l'actif du candidat le plus fort au bâton. Et voilà créé un représentant du peuple. Voilà ce qu'on appelle une élection dans l'Inde.

« En Cochinchine, on compte un député pour deux mille électeurs. Le droit de suffrage n'a pas été reconnu aux Annamites ; on ne l'a accordé qu'aux seuls Européens. De cette manière, ce sont les fonctionnaires qui forment la majorité des électeurs ; le candidat qui leur plaît n'a pas à se fatiguer dans sa campagne électorale. Pourvu qu'on lui connaisse un peu d'influence dans la métropole et qu'il sache promettre et tenir à propos, son élection est assurée. Il serait amusant d'établir le programme-type du candidat en Cochinchine. Ce serait juste le contraire de ceux que nous voyons en France. On y lirait en grosses lettres ces mots : « Pas de réformes, développement des services administratifs, décorations, augmentation du nombre des emplois, avancement des fonctionnaires, prolongation et renouvellement des concessions de travaux, amplificat des soldes et des retraites, et autres promesses ambiguës (1) ».

En résumé, et laissant hors de cause la Réunion et les Antilles, les députés et sénateurs coloniaux au Parlement ne sont pas l'expression des pays qu'ils sont censés représenter.

Cette idée d'établir le suffrage universel chez des peuples que l'ignorance ou une longue sujétion tient encore éloignés des questions politiques, est une idée malsaine et dangereuse. Il convient de blâmer nos constituants de 1848 d'avoir établi le suffrage universel non-seulement en France, mais encore aux colonies, et d'avoir par cela même préparé le régime trompeur des plébiscites ; on aurait dû proclamer le droit de vote basé sur les capacités ; l'instruction était trop peu répandue dans la masse ; le suffrage universel ne s'imposait pas ; il n'était pas indispensable à l'établissement de la République.

En Allemagne, la question se posait différemment en 1870. Pour créer une force nationale supérieure et extérieure aux dynasties et aux Etats, l'organisateur de l'empire allemand ne pouvait s'appuyer que sur le peuple, déjà mûri dans les écoles et unanime sur le point de l'union germanique : il lui fallait un Parlement élu au suffrage universel.

(1) « Le suffrage universel dans les colonies françaises », *Journal des Débats*, 17 septembre 1893.

En Angleterre, en Autriche, en Suède, au Danemark, en Hollande, en Belgique, aux Etats-Unis, partout où un immense courant démocratique entraîne tous les peuples vers un remaniement de leur législation électorale, partout l'instruction des masses précède les réformes que l'on voit aboutir. Encore ici, l'on peut citer l'Angleterre en exemple. Au flot grossissant des revendications du suffrage universel, on a opposé des réformes successives (1), le calme s'est toujours maintenu, et le suffrage quasi-universel de ce pays est bien meilleur que le nôtre « nominativement universel (2) », en ce sens que la condition de domicile fixée en 1884 à un an, abaissée à trois mois en 1892, tend à disparaître, et que, d'un autre côté, le suffrage des femmes, revendiqué en 1867 par Stuart Mill en matière politique, est à l'heure qu'il est bien près de devenir chose réalisée (3).

Une contribution, un cens électoral ne prouve pas la capacité. On présume simplement que celui qui le paie a assez de fortune pour avoir pu acquérir une instruction suffisante, surtout dans les pays où les écoles sont rares, et par suite, où le moyen de s'instruire n'appartient pas aux pauvres; mais alors, à côté du cens, il est bon d'adjoindre les capacités ; même mieux, il est

(1) Réformes de 1832; 1867-68; 1884; bill du 23 mai 1892; — lois de 1893 et 1894 reconnaissant aux femmes le droit de suffrage dans les élections de paroisse et de comté.

(2) Jules Guesde, *Journal officiel*, 1884, Chambre des Députés, annexe 337.

(3) Franqueville, *Journal officiel*, 27 octobre 1889.

de toute justice d'admettre ceux qui comprennent assez leur devoir pour être soldat, faire campagne et risquer la mort.

L'art. 9 de la Constitution du 5 fructidor an III portait ceci : « Sont citoyens sans aucune condition de contribution, les Français qui auront fait une ou plusieurs campagnes pour l'établissement de la République ».

Dans la Fédération de la France et de ses colonies, auraient le droit de suffrage dans les élections fédérales, sans distinction de sexe, de race, de croyance ou de couleur :

Tous ceux qui auraient rempli des fonctions publiques correspondant à celles de maire ou d'adjoint, c'est-à-dire les amines chez les Kabyles, les cheiks et les caïds chez les Arabes, les notables majeurs chez les Annamites ;

Tous ceux qui auraient, au service de la Fédération, dans l'armée ou dans la marine, dans les ambulances ou les hôpitaux, fait ou suivi une ou plusieurs campagnes, reçu une ou plusieurs blessures, gagné un grade ;

Tous ceux qui auraient été l'objet d'une distinction honorifique placée sous la haute autorité de la grande-chancellerie de la Légion d'honneur ;

Tous les lauréats de l'Institut de France et des diverses Universités fondées par les villes et par les Etats ;

Tous ceux enfin qui auraient obtenu le certificat fédéral d'études sociales dans un examen très simple, passé en français devant un jury dont la présidence appartiendrait au juge fédéral et qui se passerait une fois par an dans chaque localité assez importante, avec compositions écrites sur des sujets donnés et interrogations, le tout d'après un petit livre fait sous les auspices de la Fédération et qu'on pourrait appeler « Catéchisme social ». Chaque année, la liste électorale serait arrêtée par le juge fédéral. Malgré leur capacité intellectuelle reconnue, les personnes condamnées à une peine infamante seraient retranchées de la liste, leur capacité morale étant reconnue faire entièrement défaut.

Les voleurs, les bandits, les hommes de mœurs inavouables et les femmes de mœurs légères, tout ce monde qui appartient à la police et peuple les prisons ne peut invoquer aucun droit pour figurer à côté de tous ceux qui impriment aux idées leur mouvement progressif vers des institutions meilleures, une force plus grande, un bien-être social de plus en plus considérable.

Pas de distinction de race ou de couleur. Pas de distinction de sexe. En concentrant vers ce but : « Commerce et Défense » les aspirations des peuples les plus divers, la fédération laisserait au temps et à la sagesse des constitutions locales le soin de parfaire son œuvre, qui est de rapprocher les civilisations même les plus différentes, pour qu'elles se pénètrent et se fondent un jour en une autre civilisation basée sur la justice et les droits de chacun. Tout électeur serait éligible. Les organes du pouvoir fédéral doivent être accessibles à tous.

CHAPITRE IX

ORGANISATION DU POUVOIR FÉDÉRAL

I. — *Organes représentatifs d'une fédération.*

Dans toute fédération, il y a autant d'organes qu'il y a d'intérêts.

Les Etats généraux n'étaient que des organes parlementaires d'un système fédératif de classes : la noblesse, le clergé, la bourgeoisie; dans quelques pays s'ajoutait un quatrième Etat, celui des paysans. En tout, trois ou quatre Chambres, le vote dans les Etats ayant lieu par ordre et non par tête.

Jusqu'en 1789, la France a conservé les trois ordres, et par suite trois Chambres. Jusqu'en 1866, la Suède en eut quatre, correspondant aux quatres ordres : noblesse, clergé, bourgeoisie et paysans. Encore aujourd'hui, les Etats de Finlande comprennent quatre Chambres, et ceux de Mecklembourg deux correspondant à deux ordres : l'ordre équestre ou la noblesse, et les villes privilégiées.

De même qu'en 1789 en France, par suite de la lutte entre les nobles et les bourgeois, le clergé se serait fondu dans les deux autres classes : celle de la Noblesse et celle du Tiers-Etat, de même en Angleterre, le

Parlement, dès le quatorzième siècle, ne comprit plus que deux Chambres correspondant à deux ordres :

Celui de la Noblesse, qui s'est encore maintenu sous le nom de Chambre des lords ;

Et celui de la Bourgeoisie, qui porte le nom caractéristique de Chambre des communes.

De même, au seizième siècle, par une évolution propre et distincte, la Diète hongroise ne comprit plus que deux Chambres :

La Chambre des magnats ;

Et la Chambre des députés des villes.

Mais tandis que les Chambres de la noblesse, celle de la Hongrie et celle de l'Angleterre, ne se composèrent et ne se composent encore que de grands seigneurs héréditaires, la Chambre hongroise des députés et la Chambre anglaise des communes se laissèrent de plus en plus devenir démocratiques, afin d'opposer une force : le peuple, à une autre force : le rang.

Dans un Etat fédératif, deux intérêts sont en présence : l'intérêt fédéral et l'intérêt particulier.

Par suite s'imposent deux institutions : l'une pour faire aboutir les aspirations de la majorité, l'autre pour sauvegarder les droits de chaque Etat.

En Allemagne, le Reichstag paraît avoir le premier rôle, et le Bundesrath le second. En réalité, le Reichstag dépend du Bundesrath ; et dans le Bundesrath, c'est la Prusse qui domine : elle paraît n'avoir dans ce dernier Conseil que les 17 voix qui lui sont accordées sur les 58 voix totales par la Constitution (1) ; en réa-

(1) Art. 6.

lité, elle en dispose d'un plus grand nombre à cause de son influence sur les petits Etats de l'Allemagne centrale qui sont représentés au Bundesrath.

Aux Etats-Unis de l'Amérique du Nord, le Sénat fut créé pour défendre les droits des Etats et contre-balancer l'influence décisive que pouvait avoir la Chambre populaire ou plutôt le Président de la Fédération. « Sa composition, sa formation, ses attributions, tout trahit la main d'autonomistes inquiets. Ce sont surtout les petits Etats qui sont les auteurs de cette organisation. Ils voyaient bien que tout ce qui serait donné à l'élection populaire le serait au nombre, et que tout ce qui serait donné au nombre tournerait au profit des grands Etats. Avec un Parlement élu tout entier soit au suffrage universel, soit même au suffrage restreint, mais proportionnellement au nombre des habitants, les Etats à large territoire et à population dense étaient assurés de retrouver en crédit et en influence, dans la région des pouvoirs fédéraux, plus que l'équivalent des abandons qu'ils faisaient aux dépens de leur propre autonomie. L'espérance d'une telle compensation était refusée aux Etats moins peuplés ; aussi ont-ils montré une ténacité extraordinaire à exiger que l'égalité de représentation entre les Etats grands et petits fût maintenue au moins dans l'une des deux Chambres. Chaque Etat, quels que fussent sa superficie et le chiffre de sa population, eut deux délégués dans le Sénat, et cette disposition fut jugée si essentielle qu'on la mit non pas seulement dans la Constitution, mais en dehors et au-dessus. Elle est dans cette condition unique qu'elle ne peut pas être modifiée par les voies ordinaires de la revision constitutionnelle, et qu'une mise en question de l'article qui la consacre entraînerait la dissolution du pacte fédéral (1) ». Par suite du développement excessif des nombreuses attributions que tinrent à lui donner les petits Etats, le Sénat américain a cessé d'être tout simplement le protecteur des libertés locales ; il s'est assis sur les droits naturels de la Chambre des représentants réduite à presque rien ; les sénateurs ont cessé de se considérer comme les mandataires de leurs Etats respectifs. Heureusement pour ces derniers qu'un autre organe, la Cour suprême, tient le vrai rôle du Sénat fédéral et veille sur la constitutionnalité des lois. Ainsi, ce sont neuf juges agréés par le Sénat (2), mais choisis et nommés par le Président qui lui-même est élu par le peuple (3), ce sont neuf juges qui font respecter les droits des Etats, bien que ceux-ci ne leur en aient pas donné le mandat d'une façon expresse.

En Suisse, c'est le Conseil des Etats qui semble avoir le rôle de veiller à la sauvegarde des droits de chaque Etat contre les empiètements de l'Assemblée fédérale. Mais le droit public helvétique repose sur une base très large et très juste. En réalité, ce rôle appartient aux Conseils cantonaux et même aux sim-

(1) M. Boutmy, *Etudes de droit constitutionnel*, p. 192.

(2) Constitution, chap. II, section 2, art. 2.

(3) En effet, les électeurs présidentiels dont le nombre est égal à celui des députés et sénateurs reçoivent un mandat impératif des électeurs qui les nomment dans chaque Etat particulier.

ples citoyens. La constitution fédérale du 27 mai 1874 dit dans son article 89 : « Les lois fédérales sont soumises à l'adoption ou au rejet du peuple, si la demande en est faite par 30.000 citoyens ou par 8 cantons ».

C'est vers quelque chose de semblable que devrait tendre une fédération de la France et de ses colonies :

D'abord, une organisation politique où les aspirations de la majorité pourraient se faire jour et qui serait la personnification juridique de la fédération ;

Puis, en dehors et comme à l'écart, mais avec un droit rigoureux de veto, les représentants de chaque Etat, chargés de défendre les prérogatives locales et de veiller sur la constitutionnalité des lois et règlements.

II. — *L'Assemblée fédérale et le pouvoir de contrôle.*

Le nombre des députés du peuple serait proportionnel, non pas au chiffre de la population, mais au nombre des électeurs. Rien ne serait plus injuste que de placer quand même, quoiqu'indirectement, l'élection des Députés sous l'influence de tous ceux non reconnus capables de participer à la gestion des affaires publiques.

Le nombre des députés reposant sur le nombre des électeurs, chaque Etat aspirerait à en avoir le plus possible ; par suite, tous chercheraient à posséder le plus d'écoles et reconnaîtraient aux femmes des droits de plus en plus considérables.

Les députés, chargés par le peuple de s'occuper des affaires fédérales, ne formeraient qu'une Chambre parlementaire. Pour un même intérêt, une même Assemblée.

L'Assemblée fédérale veillerait au bon fonctionnement du pouvoir fédéral. Elle ne serait ni un Corps législatif, car « une Chambre de députés est particulièrement impropre à légiférer (1) », ni un conseil exécutif, car l'exécution ne peut être efficacement dirigée que par un seul individu, encore moins une Cour de Justice, car les représentants du peuple peuvent être quelconques, manquer du calme nécessaire ou des connaissances juridiques suffisantes pour appliquer la loi. En elle résiderait le pouvoir de contrôle sur toutes les affaires relevant de la Fédération.

Croire qu'une Assemblée populaire doit être un Corps législatif est une erreur qui a conduit aux idées les plus bizarres.

Dès l'abord, on pose ce principe : « Toute société dans laquelle la séparation des pouvoirs n'est pas déterminée n'a pas de constitution (2) ». Puis, après avoir ainsi proclamé l'indépendance du pouvoir exécutif et du pouvoir judiciaire vis-à-vis du pouvoir législatif, on arrive à constater que la séparation absolue des pouvoirs est une chose impossible, que le pouvoir est un, qu'il ne peut être divisé, et qu'on est bien forcé dans un Etat démocratique de reconnaître les droits les plus considérables à l'Assemblée des représentants du peuple.

(1) Boutmy, *Etudes de droit constitutionnel*, p. 147.
(2) Déclaration des Droits de l'Homme, art. 16.

« Il est inévitable, dit M. Esmein (1), que l'un des pouvoirs ait la prépondérance sur les autres, et celui-là est tout naturellement désigné ; c'est le pouvoir législatif. Cela résulte de ce que, par les lois qu'il fait, il est le régulateur de tous les autres ; cela résulte aussi et surtout de ce que, dans tous les pays libres, c'est lui qui vote et fixe le budget, et que, par là, il tient dans ses mains la faculté redoutable d'arrêter l'action même de tous les pouvoirs et de toutes les fonctions. »

« Reconnaissons avant tout, dit Prévost-Paradol (2), que l'influence de la Chambre des députés doit être prépondérante. Ce n'est pas qu'une influence prépondérante déposée entre les mains de cette Assemblée ne puisse avoir des inconvénients ; ceux qui s'épuisent à le prouver perdent leur temps à démontrer l'évidence ; mais les institutions humaines ne peuvent que choisir entre des périls inégaux, et cette prépondérance, qui doit nécessairement exister quelque part, a des inconvénients plus considérables si elle est concentrée partout ailleurs que dans les mains de cette Assemblée. Il est, en effet, indispensable, qu'en cas de dissentiment entre les pouvoirs publics le dernier mot reste à l'un d'eux. Si c'est au pouvoir exécutif que ce dernier mot doit rester, l'Assemblée populaire n'est plus qu'un corps consultatif, et le despotisme est alors constitué sous la forme la plus abjecte ».

(1) *Eléments de droit constitutionnel*, p. 291.
(2) *La France nouvelle*, p. 92.

Même aux Etats-Unis, « la séparation du pouvoir exécutif et du pouvoir législatif n'a pu se maintenir telle que la Constitution l'avait arrêtée. La pratique a fatalement établi un contact plus intime et un trait d'union entre les deux pouvoirs. Cela se trouve dans les comités permanents du Sénat et surtout de la Chambre des représentants : les premiers, élus par l'Assemblée elle-même; les seconds, nommés par le Président de la Chambre (Speaker). C'est dans cette organisation, non prévue par la Constitution et créée toute entière par les règlements des Chambres, que s'est concentrée peu à peu l'activité réelle du Congrès. Là s'arrêtent toutes les mesures importantes, et la discussion publique et générale, surtout à la Chambre des représentants, n'a pas le plus souvent une bien sérieuse importance. Les ministres qui désirent voir aboutir une loi ou la faire proposer par un membre du Congrès ne menquent pas de s'aboucher avec le Président du Comité devant lequel le projet sera renvoyé (1). Quelques-uns de ces Comités permanents, ceux de l'armée et de la marine en particulier, et celui des voies et moyens qui statues sur les dépenses allouées à chacun des départements ministériels, s'occupent en réalité beaucoup plus d'administration que de législation. Ils exercent un contrôle incessants sur les actes et l'administration des ministres. Ils ont le pouvoir de les citer devant eux, comme d'ailleurs tous autres fonctionnaires, et de les interroger sur leurs méthodes et leur direction. Par la même s'est

(1) Voir Boutmy, *op. cit.*, p. 150 et suiv.

établi en fait un contrôle du pouvoir législatif sur le pouvoir exécutif, une dépendance du second (en la personne des ministres) à l'égard du premier (1). »

C'est que forcément, toute Chambre élue est le grand et suprême pouvoir dans tout gouvernement libre. Forcément, elle étend en tout sens la sphère de son activité et attire tout le pouvoir dans son tourbillon impétueux. Ici les faits s'accordent avec les principes : « La souveraineté réside essentiellement dans la nation, et la nation élit les députés pour mettre en harmonie la grandeur de l'Etat avec les droits de chaque individu ».

Ainsi, l'Assemblée fédérale représentant la nation, veillerait au bon fonctionnement du pouvoir fédéral. Elle apporterait les subsides nécessaires ; mais, en elle seule, résiderait le pouvoir de contrôle sur toutes les affaires relevant de la Fédération. Elle aurait des Comités permanents comme les Chambres américaines. Son pouvoir serait indiscutable de citer devant elle ou devant ses Comités n'importe quel fonctionnaire fédéral, serait-ce un ministre, un juge, mieux encore le Président de la Fédération lui-même. Chaque année, elle voterait le budget qui n'est pas une loi et qui est plus qu'une loi. Enfin, pour l'appuyer dans sa tâche et l'aider dans son but, elle élirait :

Le Président de la Fédération ;
Les deux Vice-Présidents ;
La Commission permanente.

(1) Esmein, *op. cit.*, p. 307-308.

Et c'est d'elle que sortiraient les organes chargés d'exercer, sous sa haute surveillance, le pouvoir législatif, le pouvoir exécutif, le pouvoir judiciaire.

III. — *Le Président de la Fédération.*

Il serait très curieux de savoir quel est au fond le rôle du Président de la République en France.

Il semble tout d'abord qu'on ait voulu faire de lui « un chef-roi, sauf le nom et la durée (1) ».

Ainsi, d'après la Constitution de 1875, il promulgue les lois, il a le droit de grâce, il dispose de la force armée, il nomme à tous les emplois civils et militaires (2), il peut conclure librement certains traités (3), il peut sur l'avis conforme du Sénat dissoudre la Chambre des députés avant l'expiration légale de son mandat (4).

Au fond, il ne fait rien de tout cela.

« Chacun des actes du Président de la République doit être contresigné par un ministre (5). » C'est le ministre qui agit. Indépendant vis-à-vis du Président, un ministre peut rester au pouvoir malgré le Président. Mais tout ministre est responsable devant ceux désignés par le peuple pour délibérer sur les affaires publiques et qui l'ont en quelque sorte élu quoique indirectement (6).

(1) Duc de Broglie, *Vues sur le gouvernement de la France*, cité par Esmein, *op cit.*, p. 495.
(2) Loi du 25 février 1875, art. 3.
(3) Loi du 16 juillet 1875, art. 8.
(4) Loi du 25 février 1875, art. 5.
(5) Loi du 25 février 1875, art. 3.
(6) Loi du 25 février 1875, art. 6.

En fait, le Président de la République n'est pas le chef du pouvoir exécutif; ce sont les Chambres qui impriment partout la direction à suivre.

En Amérique, tout autres sont les attributions du Président. Là, le premier magistrat du pays détient à peu près le pouvoir fédéral, sous le contrôle des États représentés par le Sénat. Les traités qu'il prépare et qu'il signe avec les gouvernements étrangers n'ont besoin, pour être ratifiés, que de l'approbation du Sénat (1). Les ministres qu'il nomme sont toujours agréés et ne peuvent être révoqués que par lui. Ils ne forment pas un ministère responsable devant les Chambres; ils constituent un simple Comité de directeurs généraux que le Président peut remplacer quand il veut. Pendant quatre ans, c'est presque un dictateur qui pourrait gouverner contre la volonté des Chambres, s'il a su se gagner une certaine minorité; car il peut refuser de promulguer une loi que l'on vient de voter, si cette loi revenue devant les deux Chambres du Congrès n'obtient pas dans chacune les deux tiers des voix (2).

En France, M. Thiers, le maréchal de Mac-Mahon, auraient voulu, pour le Président de la République, le droit d'avoir une volonté propre et le pouvoir de la faire exécuter. Mais la nature politique de la France centralisatrice ne pouvait pas le permettre. Cela peut exister en Amérique, où les États particuliers exercent

(1) Constitution des Etats-Unis, section 2, art. 2.
(2) Constitution des Etats-Unis, section 7, art. 1er.

un contre-poids réel sur le pouvoir du Président et garantissent d'une manière efficace les droits individuels. En France comme en Angleterre, ce serait le retour au pouvoir absolu d'une même personne. C'est pourquoi les décisions de nos Chambres sont seules souveraines. Les ministres doivent se soumettre à leurs exigences et se retirer devant un blâme. Le Président ne peut, en aucun cas, les maintenir malgré tout au pouvoir. « Se soumettre ou se démettre », il n'y a pas pour lui d'autre alternative.

La Constitution lui laisse d'ailleurs un rôle autrement considérable. Il est le magistrat chargé par le congrès de personnifier la nation; il préside aux solennités nationales; les envoyés et les ambassadeurs des puissances étrangères sont accrédités auprès de lui (1). Par ses voyages, par ses visites aux divers établissements qui tendent à développer les idées de fraternité et de justice, il fixe des aspirations encore incertaines, il rallie des volontés encore hésitantes, il fait l'union de tous les partis pour que l'Etat, prospère au dedans, soit puissant au dehors.

Tel serait aussi, en partie, le rôle du Président de la Fédération. Il présiderait aux solennités nationales; les envoyés et les ambassadeurs des puissances étrangères seraient accrédités auprès de lui ; de même les envoyés et les représentants des États fédérés.

De plus, c'est lui qui dirigerait les débats de l'Assemblée fédérale et de la commission permanente. Il serait

(1) Loi du 25 février 1875, art. 3.

l'expression du pouvoir de contrôle. La commission permanente entendue ou l'Assemblée fédérale ayant délibéré, c'est lui qui contresignerait tous les actes émanant du Corps législatif, du conseil des ministres et du tribunal fédéral.

Deux vice-présidents l'aideraient dans ses fonctions.

IV. — *Les vice-présidents.*

Aux États-Unis, « de l'aveu unanime, le vice-président n'est qu'un embarras. Issu des suffrages de toute l'Union, on ne peut guère lui donner d'influence politique sans qu'il en ait trop et sans qu'il devienne une gêne pour le Président nommé avec lui (1). »

Cela est vrai pour les États-Unis, où le Président, véritablement chef du pouvoir, gouverne. L'action, c'est le fait d'un seul. Avec plus d'influence, le vice-président ne pourrait que gêner le Président.

De même, en Allemagne, la Constitution de l'Empire a été faite pour qu'un homme seul gouverne. Cet homme peut être le roi de Prusse, c'est-à-dire l'empereur. Il peut être aussi le chancelier de l'Empire. Les attributions de l'empereur et du chancelier se confondent. Forcément, l'un des deux doit s'effacer devant l'autre. Avec Bismarck, c'était le chancelier qui gouvernait. Avec Guillaume II, c'est l'empereur. Il le disait lui-même dernièrement : « Il ne peut y avoir ici qu'un seul maître ; je n'en souffrirai pas d'autre. »

(1) Boutmy, *Etudes de droit constitutionnel*, p. 181.

Mais dans un État où le Président n'est pas le maître, où son rôle est de présider aux solennités nationales, de diriger les débats d'une Assemblée, de contresigner des actes d'après des délibérations rendues, un vice-président peut fort bien remplacer le Président, en cas d'empêchement ou par simple autorisation.

La Constitution française de 1875 n'a pas senti la nécessité de créer un vice-président. En réalité, le président du conseil des ministres peut en jouer le rôle. D'ailleurs, en cas de vacance par décès ou pour toute autre cause, même si les Chambres sont hors session, la majorité des députés et sénateurs peut bien se réunir dans les vingt-quatre heures et procéder immédiatement à l'élection d'un nouveau Président, ainsi que le veut la Constitution (1).

Aux États-Unis, vu leur étendue, cela est impossible. Il y aurait pareille impossibilité dans une Fédération de la France et de ses colonies. Le vice-président prendrait la Présidence, en cas de décès ou de démission du Président ; dès lors, et jusqu'à ce que l'Assemblée fédérale ait eu le temps de se réunir et de procéder à une élection présidentielle, un vice-président intérimaire pourrait être choisi par la commission permanente, afin qu'il y eût toujours deux vice-présidents pour assister celui qui remplirait les fonctions de Président de la Fédération.

(1) Loi du 25 février 1875, art. 7.

V. — *La Commission permanente.*

Cette Commission serait comme une sentinelle chargée, par l'Assemblée fédérale, du contrôle permanent de tous les organes du pouvoir. Il est juste que ceux que l'on a investis d'une portion de pouvoir sentent qu'au-dessus d'eux une autorité veille au nom du peuple sur chacun de leurs actes. L'exercice du pouvoir se fait alors avec le même esprit, aussi bien dans le Corps législatif qu'au conseil des Ministres et au Tribunal fédéral. La rivalité cesse entre institutions également autoritaires. L'anarchie plus ou moins déguisée qui résulte de la guerre sourde que se font entre eux les grands corps constitués avec même puissance doit faire place à un gouvernement fort. On ne peut le progrès qu'avec les vrais principes : Le pouvoir est un, il ne peut être divisé. — La souveraineté réside essentiellement dans la nation. — Sur toutes les institutions d'un pays doit planer la volonté du peuple, concentrée pour ainsi dire dans une même Assemblée à Commission permanente. Car le contrôle ne peut être intermittent. La permanence de la Chambre populaire est la base d'une démocratie.

D'autre part, il est bon que les minorités aient leurs représentants à la Commission permanente. Tous les partis ont intérêt à savoir ce que l'on fait pour le bien de l'Etat ; tous les citoyens d'ailleurs y contribuent au moyen des impôts qui leur sont demandés. Que la majorité domine dans le gouvernement, rien de mieux. Mais dans une Commission de contrôle, les minorités font souvent la plus large besogne ; le parti le plus fort n'en devient que plus sage. C'est peut-être pourquoi dans les Chambres américaines l'usage s'est établi que les Comités permanents comprennent une minorité notable prise dans l'opposition. En décidant que notre Commission permanente serait composée d'autant de membres qu'il y a de fois 10, 20, 30 ou 50 députés, pourquoi ne pas décider aussi que tout groupe de 10, 20, 30 ou 50 députés y aurait droit à un représentant?...

Le contrôle serait strict. Aucun acte du corps législatif, du conseil des ministres et du tribunal fédéral ne pourrait être contresigné par le Président de la République que sur l'approbation de la Commission permanente, à moins d'être approuvé par l'Assemblée fédérale.

Tout acte qui engage les finances du pays doit être consenti par le plus grand nombre et après le plus de discussion : le budget serait voté par l'Assemblée fédérale.

Tout autre acte peut supposer une approbation tacite quand une fraction importante de la représentation populaire n'en réclame pas la discussion. Aussi, malgré l'approbation de la Commission permanente, serait porté à la discussion de l'Assemblée fédérale tout acte pour lequel un cinquième au moins des députés réclamerait une délibération. — Serait encore porté à la discussion de l'Assemblée fédérale tout acte repoussé par la Commission permanente et qui serait maintenu par le corps d'où il émanerait. Le Président de la Fédération porterait alors cet acte à la plus prochaine séance de l'Assemblée fédérale.

Ces cas de conflit seraient, je crois, très rares ; plus fréquentes seraient les demandes de délibération faites par un cinquième au moins des députés, surtout en ce qui concerne les actes les plus importants du Corps législatif. Vu la composition de ce Conseil et la confiance qu'on aurait dans le savoir et la sagesse de ses membres, peut-être même ces demandes de délibération seraient-elles peu nombreuses.

VI. — *Le Corps législatif.*

Une chose importante est à noter : l'Assemblée fédérale pourrait choisir les membres du Corps législatif, soit dans son sein, soit en dehors. Il est infiniment probable que son choix porterait sur des personnes dont la science juridique reconnue de tous garantirait la confection parfaite des lois réclamées.

Tous ceux qui aspirent aux triomphes bruyants des tribuns populaires ne rechercheraient pas le corps législatif. Les séances n'y seraient pas publiques. Le travail s'y ferait avec suite et certainement avec calme. Tous les ans, les projets de loi, de quelque côté qu'en vînt l'initiative, seraient répartis en autant de commissions que les besoins l'exigeraient, chacune groupant les membres du Corps législatif qui se seraient fait connaître par leurs études spéciales. Dès qu'une loi serait élaborée, le Corps législatif la transmettrait à la Commission permanente pour la faire promulguer. Au besoin, un rapporteur la soutiendrait devant cette commission et devant l'Assemblée fédérale s'il en était ainsi ordonné par le nombre des députés qu'exigerait la Constitution.

Un Corps législatif ainsi organisé rappelle à plus d'un égard le Conseil d'Etat de 1852, qui présentait à la Chambre populaire les lois qu'il avait élaborées.

Il rappelle peut-être davantage certains des comités permanents auxquels les deux chambres délèguent, aux Etats-Unis de l'Amérique du Nord, une grande partie de leurs pouvoirs.

Il en est qui sont surtout administratifs et qui exercent un contrôle permanent sur les ministres. Tels sont ceux des affaires étrangères, ceux de l'armée et de la marine, et celui des voies et moyens qui statue sur les dépenses allouées à chacun des départements ministériels. Ceux-là peuvent être rapprochés de la Commission permanente qui serait instituée dans notre Fédération.

Il en est d'autres qui sont uniquement législatifs et auxquels sont renvoyées de plein droit les propositions de loi faites pendant la durée d'un congrès. Ceux-ci présentent une très grande analogie avec les commissions de notre Corps législatif.

Mais tandis qu'en Amérique, la Chambre des représentants est réduite à la condition et au rôle humiliés de nos Corps législatifs sous le premier et le second Empire, dans la Fédération française l'Assemblée fédérale conserverait en principe le droit de discuter et d'amender s'il le faut les projets de loi élaborés par son Corps législatif, à la condition expresse que, pour éviter toute intempérance législative, la demande de discussion et les projets d'amendement fussent appuyés par le nombre de députés prévu dans la Constitution. En fait, tout porte à croire que les travaux du Corps législatif n'auront le plus souvent d'autre contrôle que celui de la Commission permanente. Qui pourrait demander la discussion ? L'auteur du projet? Il aurait été entendu par les membres du Corps législatif. — L'auteur d'un amendement? — Il aurait pu et dû se faire entendre.

Alors, peut-on se demander, nous ne connaîtrons plus « cette ampleur des débats parlementaires qui ouvre un large champ aux talents, aux vues élevées, aux idées nouvelles, contribue à former l'opinion, associe la nation tout entière à des résolutions longuement étudiées, abondamment contestées et justifiées, devant elle, et fait redescendre en quelque sorte dans les masses la vie politique supérieure qui s'est d'abord concentrée et exaltée dans le Parlement (1) ».

Pourquoi ne connaîtrons-nous plus tout cela ? Un député quelconque pourrait demander à l'Assemblée fédérale de citer devant elle, afin d'être interpellée, toute personne qui détiendrait à quelque titre que ce fût une portion du pouvoir fédéral. Là pourrait être le commencement de discussions attachantes et de larges débats, sans que les lois que l'opinion réclame subissent le moindre retard dans leur confection.

C'est pour en arriver là, sans se laisser distraire, que le corps législatif pourrait s'adjoindre des *Com-*

(1) Boutmy, *op. cit.*, p. 155.

missaires fédéraux chargés de recueillir en quelque lieu que ce soit tous les renseignements nécessaires à l'élaboration d'une loi projetée.

VII. — *Le Conseil des Ministres.*

A l'égard du Conseil des ministres, dans tous les gouvernements parlementaires, c'est bien une élection indirecte qui en fixe le choix.

L'unité de vues dans un ministère ne fera pas défaut, même si les ministres sont élus directement, comme cela aurait lieu dans la Fédération française. La Suisse encore en est l'exemple.

D'ailleurs, actuellement, soit en France, soit en Angleterre, soit dans beaucoup d'autres pays, la différence d'opinions politiques dans des hommes de mérite n'est pas un obstacle à leur réunion dans un ministère, ministère de concentration comme l'on dit en France, ou de coalition comme on le dit en Angleterre.

Il y aurait autant de départements ministériels que de matières fédérales réclamant une administration, c'est-à-dire : Finances, Affaires étrangères, Guerre, Intérieur, Commerce, Travaux publics, Voies et moyens de communication, Instruction publique.

Les ministres pourraient être suppléés par des sous-secrétaires d'Etat ayant un droit de décision propre relativement à certaines affaires. Ainsi, du Ministre de la Guerre dépendraient deux sous-secrétaires d'Etat :

L'un pour la défense territoriale et l'organisation des corps d'armée régionaux ;

L'autre pour la direction d'un corps d'élite exposé à de brusques déplacements sur terre et sur mer, et qui pourrait recevoir la dénomination de Garde fédérale.

Il semble bien établi dans notre droit public que les ministres sont investis d'un droit de décision non pour en disposer, mais pour l'exercer eux-mêmes (1), à moins cependant que les délégations faites soient permises et validées par des décrets du Président de la République. Un sous-secrétaire d'Etat investi d'un pouvoir propre de décision est presqu'un ministre. Or, il y a tendance chez nous à ce qu'un Ministère ne puisse être créé que par décision du Parlement ; ainsi, la proposition de loi tendant à ériger l'administration des colonies en ministère spécial a été votée par la Chambre des députés le 17 mars 1894 et par le Sénat le surlendemain. Par conséquent, il devrait en être de même à l'égard des sous-secrétariats d'Etat. Dans l'organisation fédérale de la France et de ses possessions, ministres et sous-secrétaires d'Etat seraient tous désignés par l'Assemblée fédérale.

Du Conseil des ministres, et particulièrement du ministère de l'intérieur, dépendraient les *Résidents fédéraux* dans les Etats de la fédération. Ces Résidents seraient dans ces Etats à quelque chose près ce que sont, dans les Etats étrangers, les ambassadeurs et plénipotentiaires. Ils seraient accrédités auprès des souverains ou gouverneurs de chacun des Etats.

Aux Résidents fédéraux appartiendrait le soin de

(1) Voir Laferrière, *Traité de la juridiction administrative*. t. II, p. 472, 473.

régler les affaires où l'intérêt de la fédération paraîtrait se heurter à l'intérêt des Etats particuliers.

VIII. — *Le Tribunal fédéral.*

L'élection des juges par une Chambre populaire ne peut rencontrer d'objections bien sérieuses. L'exemple de la Suïsse suffirait à les faire tomber. Bien qu'il soit élu par l'Assemblée fédérale, le Tribunal fédéral helvétique n'en est pas moins composé de jurisconsultes éminents.

Mais les contradictions deviennent plus nombreuses quand il s'agit d'établir quelles doivent être les attributions de cette Cour de justice à qui une fédération d'Etats confie l'exercice de son pouvoir judiciaire.

Il y a d'abord tous les cas qui naissent des matières relevant exclusivement du pouvoir fédéral, tels que délits de douanes, litiges commerciaux, infractions au Code de justice militaire, etc. Les affaires sont multiples qui naissent de ces matières sur tous les points du territoire. Le Tribunal fédéral ne peut avoir qu'une juridiction d'appel. Des Cours inférieures doivent être organisées. Il importe que ces Cours tirent leur origine du Tribunal fédéral et que les juges soient nommés par les Juges suprêmes réunis en Conseil. Le pouvoir judiciaire ne doit pas être placé sous la dépendance du pouvoir exécutif pour la nomination et l'avancement de ses juges ; il doit être distinct du pouvoir exécutif autant que du pouvoir législatif, quoique placé, comme l'un et l'autre de ces pouvoirs, sous l'autorité de l'Assemblée représentant le peuple.

Il y a ensuite les contestations qui s'élèvent entre deux États de la Fédération ou bien entre un État et des citoyens d'un autre État. Dans ces deux cas, le tribunal fédéral peut jouer le rôle d'arbitre; il statue alors en premier et dernier ressort.

La question devient beaucoup plus grave quand il s'agit d'un conflit direct entre un État et la Fédération. Le conflit le plus grave qui puisse s'élever, c'est l'accusation d'inconstitutionnalité portée par un État contre un acte du pouvoir fédéral.

De toutes les contrées qui se sont organisées en fédération, l'Allemagne est certainement la plus logique lorsqu'elle remet le règlement d'un conflit entre l'un des États fédérés et le pouvoir fédéral, non pas à une Cour suprême, mais à l'Assemblée qui réunit les représentants des États, c'est-à-dire au Bundesrath. Malheureusement pour les petits, le droit cède à la force même dans ce conseil : les États y sont représentés suivant leur importance. Sur les 58 voix totales, chacune des petites principautés n'a qu'une voix, la Saxe de même que le Wurtemberg en a 4, la Bavière en a 6, et la Prusse 17 (1). Le Bundesrath est envahi par la puissance de la Prusse, qui capte ou terrorise ses voisins les plus faibles, veut toujours s'agrandir et songe à l'unité de l'Empire.

Les cantons suisses ont montré une extrême con-

(1) Constitution de l'Empire allemand, art. 6.

fiance en remettant au tribunal fédéral le soin de régler les conflits qu'ils peuvent avoir avec la Fédération. Sans doute, le conseil des États participe à l'élection des juges de ce tribunal supérieur ; mais son influence n'est pas ce qu'elle devrait être vu le nombre des membres du conseil national dans l'Assemblée fédérale.

Aussi bien en Allemagne qu'en Suisse et aux États-Unis, le plus grand tort a été de croire que l'Assemblée où les États étaient représentés, devait être une Chambre modératrice.

Dans les débuts, le Sénat américain se considérait comme un Congrès de plénipotentiaires chargés de veiller au respect des droits de leurs États (1). C'était l'époque où l'on s'accordait pour prédire à la Chambre des représentants des États-Unis les brillantes destinées de la Chambre anglaise des communes. Peu à peu, le Sénat a évolué, il est devenu une Chambre législative ; il a presque annihilé la Chambre des représentants ; il a laissé comme gardien de la Constitution le pouvoir judiciaire fédéral, pouvoir nommé par le Président, mais inamovible et à vie, qui pourrait impunément mésuser de son autorité jusqu'à mettre la main sur des objets réservés à la souveraineté des États, et les fédéraliser, sans que nul y puisse faire obstacle, car il règle lui-même et sans recours sa compétence à l'encontre des tribunaux locaux (2).

(1) Voir Boutmy, *op. cit.*, p. 116, 117.
(2) Boutmy, *op. cit.*, p. 186.

Rien ne serait plus désastreux dans une France fédéralisée avec ses colonies que la transformation, en Chambre législative, de l'Assemblée des plénipotentiaires représentant les Etats de la Fédération. Ce serait la violation journalière de la Constitution au profit d'une majorité désireuse de tout envahir pour tout unifier. Ce seraient alors des froissements suivis de heurts de plus en plus considérables entre les civilisations européenne, musulmane et annamite ; ce serait, enfin, dans beaucoup de colonies, une irritation croissante qui pourrait amener les pires événements.

Pour veiller sur la constitutionnalité des actes du pouvoir fédéral, il n'est pas nécessaire de créer un organisme politique nouveau qui finirait par se mêler activement aux affaires fédérales, et, devenant une arme dans les mains d'une majorité, oublierait le but qui décida sa création.

Les organes du pouvoir fédéral, issus de l'Assemblée représentant le peuple, doivent seuls s'occuper des affaires qui font partie du domaine de la Fédération. S'ils dépassent les limites que leur a assignées le contrat fédéral, les Etats particuliers n'ont qu'une chose à faire : élever le conflit. Un arbitrage s'imposera.

IX. — *Règlement des conflits entre un Etat et la Fédération. — Plénipotentiaires des Etats.*

C'est pour ces motifs qu'il y aurait lieu d'accréditer auprès du Président de la Fédération les représentants des Etats particuliers. Ils seraient auprès du ministre de l'intérieur ce que sont les ambassadeurs étrangers auprès du ministre des affaires étrangères. Leur première mission serait de veiller individuellement, et au nom de leurs Etats respectifs, sur la constitutionnalité des actes du pouvoir fédéral ; car un Etat, quelque minime que soit son importance, doit pouvoir élever le conflit et faire respecter la Constitution.

Dans un intervalle de temps assez restreint après la publication d'un acte du gouvernement fédéral, tout représentant d'un Etat particulier qui jugerait que cet acte porte atteinte à la Constitution pourrait élever le conflit.

Auprès du Président de la Fédération, et au nom de l'Etat qu'il représenterait, il s'opposerait à l'exécution de la mesure.

Le Président, d'accord avec l'Assemblée fédérale ou la Commission permanente, nommerait un nombre impair d'arbitres ; le représentant en choisirait de son côté le même nombre. Les arbitres de l'une et de l'autre partie se réuniraient pour procéder au choix d'un troisième groupe d'arbitres, et c'est l'Assemblée générale de tous ces arbitres formant un Tribunal qui prononcerait sa sentence, après avoir entendu les parties en cause.

Pour empêcher que ces débats deviennent des abus, on pourra admettre que la partie victorieuse aura le droit de requérir une amende contre la partie défaillante.

La justice est le fondement du principe fédératif : le droit avec la force, mais non la force contre le droit.

CONCLUSION

Pour arriver à l'édification d'une œuvre politique telle que la Fédération de la France et de ses colonies, il ne faut pas se figurer des difficultés insurmontables. De difficultés sérieuses, il n'en est pas.

D'ailleurs, il est temps de sortir de cette espèce de torpeur qui nous a tous saisis et qui ne nous fait voir le salut de la France que dans l'alliance et l'amitié de telle ou telle nation.

La France peut compter et ne doit compter que sur elle-même pour l'accomplissement de ses destinées. Dans ce but, il faut qu'elle arrive à se convaincre que les colonies ne doivent pas servir de champs d'exploitation où les indigènes peuvent être spoliés, mais qu'elles sont des facteurs de sa puissance et des parties de cet empire où, depuis 1789, les idées de justice et d'humanité, les seules qui font la grandeur d'une nation, tendent à prévaloir sur toutes les idées de lucre qui font simplement la richesse de quelques individus.

Il est temps que les colonies soient surtout aux colons, et non pas aux fonctionnaires et à quelques spéculateurs. Car ce mot « *colons* » doit être pris dans son sens le plus large : il doit désigner tous les habitants d'une colonie qui sont acquis à nos idées modernes, quelles que soient leur religion, leur couleur, leur race, et qui prouvent, par une instruction suffisante, leur capacité de prendre part au règlement des questions d'où dépend la prospérité de leur pays, en s'obligeant, toutefois, à s'entendre avec tous ceux, notables ou chefs, qui représentent les vieilles idées locales et qui ont le devoir de défendre les mœurs, les coutumes, les lois d'une grande partie de la population.

En peu de temps, des décrets peuvent créer les organes d'un bon gouvernement dans toutes nos colonies. Ainsi ont été instituées les Délégations financières algériennes. Ainsi peuvent être organisées des Chambres de notables et des Chambres de colons dans chacune de nos possessions annamites. Les Conseils actuels de gouvernement, composés surtout de fonctionnaires, ne peuvent être que les Conseils privés des gouverneurs.

Quand les colonies seront des Etats groupés en Fédérations régionales, elles constitueront les puissantes assises sur lesquelles le gouvernement fédéral de l'empire français pourra être édifié. Des lois seront alors nécessaires. Si le pays est préparé, si le peuple comprend que la grandeur de la France dépend d'une Fédération avec ses colonies, ces lois seront vite élaborées, discutées, adoptées, promulguées, d'autant plus que les matières qui doivent revenir à la compétence fédérale ne devront être l'objet que d'un simple abandon consenti par la France pour appartenir désormais au gouvernement de la Fédération. Aujourd'hui, les affaires étrangères sont, en effet, dirigées par le même ministre, et ce sont les mêmes agents qui représentent n'importe quelle contrée du territoire français. Tout ce qui concerne la défense dépend de notre ministre de la guerre et de notre ministre de la marine. Enfin, une union douanière a été à peu près réalisée par la loi du 11 janvier 1892, et le libre-échange est, en principe, établi entre la France et ses diverses possessions.

Pour former avec ses colonies une puissance fédérale, la France a donc, dès à présent, de très grands avantages que nulle autre nation ne possède. Il était bon de le dire, car il faut vouloir en profiter.

TABLE DES MATIÈRES

Impr. de Ch. Noblet, 13, rue Cujas. — Paris.

www.ingramcontent.com/pod-product-compliance
Ingram Content Group UK Ltd.
Pitfield, Milton Keynes, MK11 3LW, UK
UKHW020951230726
13923UKWH00007B/260